"中国特色社会主义政治经济学丛书"

编委会

主　任：蒋永穆

成　员（以姓氏笔画排序）：
　　　　王国敏　　王洪树　　邓　翔　　刘　肖
　　　　李栓久　　张红伟　　张　衔　　曹　萍
　　　　龚勤林　　熊　兰

中国特色社会主义政治经济学丛书

中国农村基本经营制度实现形式的效应评价

ZHONGGUO NONGCUN JIBEN JINGYING ZHIDU
SHIXIAN XINGSHI DE XIAOYING PINGJIA

赵苏丹 / 著

四川大学出版社

项目策划：王　玮　梁　平
责任编辑：王　玮
责任校对：于　俊
封面设计：璞信文化
责任印制：王　炜

图书在版编目（CIP）数据

中国农村基本经营制度实现形式的效应评价 / 赵苏丹著． — 成都：四川大学出版社，2019.12
（中国特色社会主义政治经济学丛书）
ISBN 978-7-5690-3286-4

Ⅰ．①中… Ⅱ．①赵… Ⅲ．①农村经济－经济制度－研究－中国 Ⅳ．① F32

中国版本图书馆 CIP 数据核字（2019）第 292781 号

书名　中国农村基本经营制度实现形式的效应评价

著　者	赵苏丹
出　版	四川大学出版社
地　址	成都市一环路南一段24号（610065）
发　行	四川大学出版社
书　号	ISBN 978-7-5690-3286-4
印前制作	四川胜翔数码印务设计有限公司
印　刷	四川盛图彩色印刷有限公司
成品尺寸	170mm×240mm
插　页	2
印　张	10
字　数	208千字
版　次	2019年12月第1版
印　次	2021年1月第2次印刷
定　价	56.00元

◆ 版权所有　◆ 侵权必究

◆ 读者邮购本书，请与本社发行科联系。
电话：(028)85408408/(028)85401670/
(028)86408023　邮政编码：610065
◆ 本社图书如有印装质量问题，请寄回出版社调换。
◆ 网址：http://press.scu.edu.cn

四川大学出版社
微信公众号

丛书序

马克思主义经典作家历来都重视政治经济学研究，恩格斯说，无产阶级政党的"全部理论来自对政治经济学的研究"；列宁把政治经济学视为马克思主义理论"最深刻、最全面、最详尽的证明和运用"。习近平总书记多次强调，面对错综复杂的国内外经济形势，面对形形色色的经济现象，学习掌握马克思主义政治经济学基本原理和方法论，有利于我们科学认识经济运动过程，把握经济发展规律，提高驾驭社会主义市场经济能力，准确回答我国经济发展的理论和实践问题。

改革开放以来，我们党把马克思主义政治经济学基本原理同改革开放新的实践结合起来，不断丰富和发展马克思主义政治经济学，形成了适应中国国情和时代特点的当代中国马克思主义政治经济学——中国特色社会主义政治经济学。中国特色社会主义政治经济学是马克思主义政治经济学基本原理与中国特色社会主义经济建设实践相结合的理论成果，是当代中国马克思主义政治经济学的集中体现，是指导中国特色社会主义经济建设的理论基础。它立足于中国改革发展的成功实践，诞生于中国，发展于中国，服务于世界，是指引当代中国不断解放和发展生产力的科学理论，是引领社会主义市场经济持续健康发展的指南。

党的十八大以来，以习近平同志为核心的党中央及时总结新的生动实践，不断推进理论创新，在发展理念、所有制、分配体制、政府职能、市场机制、宏观调控、产业结构、企业治理结构、民生保障、社会治理等重大问题上提出了许多重要论断，形成了以新发展理念为主要内容的习近平新时代中国特色社会主义经济思想，不仅有力指导了我国经济发展实践，而且开拓了马克思主义政治经济学新境界。

四川大学在长期的办学过程中，始终坚持以马克思主义政治经济学为指导，高举中国特色社会主义伟大旗帜，围绕我国和世界经济发展面临的重大问题，不断推进知识创新、理论创新、方法创新，致力构建中国特色社会主义政治经济学的理论体系，在社会主义基本经济制度、社会主义经济运行理论、社会主义经济发展理论、社会主义城乡一体化理论，以及社会主义经济全球化与对外开放理论等领域长期耕耘，形成了自身的研究特色和优势。

为了进一步学习实践习近平新时代中国特色社会主义经济思想，更好地阐释经济建设实践中的重大理论和现实问题，巩固和深化现有研究成果，不断为道路自信、理论自信、制度自信、文化自信做出新的理论创造和理论贡献，我们以四川大学"双一流"超前部署学科"马克思主义理论与中国特色社会主义创新"为依托，策划了"中国特色社会主义政治经济学丛书"。

2018年，我们以庆祝改革开放四十周年为主题出版了"中国特色社会主义政治经济学丛书（第一辑）"，分别从"中国农村改革四十年：回顾与经验""改革开放与货币政策宏观调控变革""中国四十年价格改革研究""改革开放四十年：我国经济周期波动及对外经济政策调整""改革开放四十年：创新驱动供给侧结构性改革""中国经济改革开放四十年：理论与实践透视"等方面对改革开放四十年的具体实践进行了深入分析。本套丛书是该系列丛书的第二辑，今后我们还将继续策划并陆续出版中国特色社会主义政治经济学的系列图书。

我们希望，这套丛书可以见证四川大学学术大师的不断涌现，中国一流的马克思主义理论与中国特色社会主义创新研究学科的逐渐形成。

学术永无止境。该丛书肯定会有不少需要改进之处，恳请各位同仁、读者为我们提出宝贵意见，让该丛书在构建中国特色社会主义政治经济学理论体系中发挥积极作用。

目 录

1 导 论 …………………………………………………………（1）
 1.1 研究背景及意义 …………………………………………（1）
 1.2 现有研究综述 ……………………………………………（8）
 1.3 小 结 ……………………………………………………（23）

2 农村基本经营制度实现形式的基本内涵 …………………（24）
 2.1 农村基本经营制度及其实现形式的含义 ………………（24）
 2.2 农村基本经营制度实现形式的质的规定性与多样性 …（29）
 2.3 小 结 ……………………………………………………（37）

3 农村基本经营制度实现形式的基本类型 …………………（39）
 3.1 农村基本经营制度实现形式的基本类型 ………………（39）
 3.2 农村基本经营制度实现形式的评价体系 ………………（47）
 3.3 小 结 ……………………………………………………（57）

4 农村基本经营制度实现形式的农业生产效应评价 ………（59）
 4.1 研究方法的选择 …………………………………………（59）
 4.2 实证结果分析 ……………………………………………（64）
 4.3 小 结 ……………………………………………………（70）

5 农村基本经营制度实现形式的农村居民收入效应评价 …（72）
 5.1 指标的选择与计算 ………………………………………（72）
 5.2 农村居民收入效应统计测度 ……………………………（74）
 5.3 小 结 ……………………………………………………（82）

6 农村基本经营制度实现形式的农村社会效应评价 ………（84）
 6.1 指标体系的构建 …………………………………………（84）
 6.2 农户社会福利评价结果及分析 …………………………（92）
 6.3 小 结 ……………………………………………………（102）

7 农村基本经营制度实现形式的分类与总体评价 …………（105）
 7.1 分散经营型实现形式的基本评价与发展方向 …………（105）

i

  7.2 统一服务型实现形式的基本评价与推广途径 …………… (109)
  7.3 合作经营型实现形式的基本评价与推广途径 …………… (112)
  7.4 高度集中型实现形式的基本评价与推广途径 …………… (115)
  7.5 小　结 ……………………………………………………… (118)
8 农村基本经营制度实现形式的完善路径 …………………… (120)
  8.1 不同农村基本经营制度实现形式的完善途径 …………… (120)
  8.2 完善农村基本经营制度实现形式的保障措施 …………… (124)
  8.3 小　结 ……………………………………………………… (128)
9 结论及展望 …………………………………………………………… (130)
  9.1 主要研究结论 ……………………………………………… (130)
  9.2 研究展望 …………………………………………………… (133)
参考文献 ……………………………………………………………………… (135)

1 导　论

1.1 研究背景及意义

农村基本经营制度是我国各项农村政策的基石，它的实施不仅极大地促进了农业农村的发展，也为我国社会主义现代化建设奠定了重要基础。但是，随着我国经济发展进入新时代，国情和农情都发生了重大变化，这对我国农村基本经营制度提出了新的挑战，也创造了新的机遇。中国特色社会主义进入了新时代，我国经济发展也进入了新时代，我们有必要重新审视当前我国国情和农情发生的新变化，以及对农村基本经营制度带来的新挑战和新要求，进而进一步巩固和完善农村基本经营制度。

1.1.1 我国经济转向高质量发展阶段

中国特色社会主义进入了新时代，我国经济发展也进入了新时代，即"我国经济已由高速增长阶段转向高质量发展阶段"，经济结构、经济制度环境都发生了重大变化。农业作为国民经济的基础性、战略性产业，也必然深受影响。因此，经济发展的变化要求我们对农村基本经营制度的运行背景进行重新审视。

1.1.1.1 我国经济发展的新特征和新要求

党的十九大报告指出："我国经济已由高速增长阶段转向高质量发展阶段，正处在转变发展方式、优化经济结构、转换增长动力的攻关期。"我国经济"转向高质量发展阶段也是认识、适应和引领经济新常态的必然要求"[1]。从整体上看，中国经济新常态主要包括以下几个特征。

（1）经济增长速度由高速转换为中高速。1978年至2011年间，我国经济

---

[1] 蔡昉. 转向高质量发展"三谈"[EB/OL]. （2018-02-09）[2019-12-15] http://www.xinhuanet.com/politics/2018-02/09/c_1122392268.htm.

的年均增长速度高达9.78%。① 目前，我国追赶型增长进程还没有结束，只是由于我国经济基本面发生了变化，传统增长动力减弱，面临着增长阶段的转换。在这一时期，我国经济增长率将保持在6%~8%的中高位，但即便是中高速，其速度和增量在全球主要经济体中也名列前茅。②

（2）经济结构由中低端向中高端转换。2013年，我国的产业结构出现了历史性的变化：第三产业增加值占国内生产总值（GDP）的比重首次超过第二产业，达到46.1%；③ 2017年，这一增加值攀升至51.6%，高于第二产业11.1%。2017年，我国最终消费支出对国内生产总值增长的贡献率为58.8%，新动能、新产业、新业态加快成长，全年规模以上工业战略性新兴产业增加值比上年增长了11.0%，高技术制造业增加值增长了13.4%，占规模以上工业增加值的比重为12.7%。④ 以上数据表明，我国经济结构正在向高质量发展阶段转换。

（3）经济增长动力由要素驱动、投资驱动向创新驱动转换。旧的经济增长动力主要源于资源、资本和劳动力的粗放投入，技术进步的贡献并不突出。但我国的土地、资源、劳动力价格逐年上涨，从前那种以低要素成本为主要动力的经济增长方式已无法持续，今后必须以科技创新为主要发展动力。也就是说，新的经济增长动力主要来自对资源、资本和劳动力的集约利用，技术进步将在经济增长中占据越来越重要的地位。⑤

新常态下，我国经济发展的内外部条件已经发生了深刻的变化，其中蕴含许多新的挑战和风险。具体表现为：首先，制造业产能过剩，资产重组与结构调整不可避免。其次，地方政府债务及影子银行等领域也存在许多隐患，并向财政及金融领域汇聚。同时，在经济进入中等收入水平后，政治及社会等其他方面的矛盾也更为凸显。以上这些方面都是我们在新常态下必须面对、妥善处理的挑战。⑥ 深刻认识新常态，积极适应新常态，正确引领新常态，努力把握好新机遇，是我国较长时期内经济发展应该遵循的大逻辑。

1.1.1.2 经济新常态下农业发展的新变化

现阶段，我国经济发展步入新常态，会对农业发展产生深远的影响，可以

---

① 国家行政学院经济学教研部. 中国经济新方位［M］. 北京：人民出版社，2017：178.
② 张军扩. 促进经济增长阶段平稳转换［N］. 人民日报，2015-07-13（7）.
③ 李伟. 新常态下，以创新加快培育经济增长新动力［J］. 中国发展观察，2015（1）：7-11.
④ 中华人民共和国2017年国民经济和社会发展统计公报［EB/OL］.（2018-02-28）［2019-12-15］. http://www.stats.gov.cn/tjsj/zxfb/201802/t20180228_1585631.html.
⑤ 李伟. 新常态下，以创新加快培育经济增长新动力［J］. 中国发展观察，2015（1）.
⑥ 李伟. 深刻理解新常态，推动经济发展迈上新台阶［N］. 中国经济时报，2015-01-26（A01）.

概括为以下几个方面。

经济增速和财政收入增速的双放缓对农业发展提出新挑战。我国经济增长率从高速增长转向中高速增长，对需求和财政收入都会有影响，在这样的情况下，如何尽力提升农业劳动生产率和优化资源配置，将成为农业现代化发展的重要内容。① 一方面，在财政收入增长减缓的情况下，如何继续强化农业的基础地位，保持国家对农业的支持力度，是必须破解的一个重大课题；另一方面，如何保证农产品供给、保持和增加市场需求、促进农民收入稳步增长，推进城乡一体化发展，确保全面建成小康社会目标的实现，是我们必须完成的历史任务。

经济发展变化对农业的趋势性变化产生多方面的影响。一是需求结构发生变化。我国居民对农产品的需求已经步入对数量及质量皆重视的新时期，如何适应农产品消费结构升级，是必须解决好的一个重大问题。二是供给模式发生变化。近年来，我国农产品市场受国际农产品市场影响的程度不断加深，如何充分利用国内外双市场、双资源，提高我国农业的竞争力，是我们必须面临的重大挑战。三是资源功能发生变化。现阶段，农业除了承担农产品的供给功能，还要在生产过程始终体现资源节约和环境友好，以及承担保护生态环境、实现旅游休闲及传承文化等诸多功能。如何克服资源环境约束，保障农产品供给，保持农业可持续发展，是必须破解的重大难题。②

1.1.2 我国农业经营格局发生重大转变

除了我国经济发展进入新阶段给农业带来的影响，农业在自身的发展过程中也经历着重大的格局转变。

1.1.2.1 农业发展中面临的新挑战

改革开放以来，我国农业发展的成就举世瞩目，农民收入较快增长，农村社会和谐稳定。当前，农业发展环境与条件已经发生重大改变，面临着许多全新的挑战。

（1）农产品供求关系结构性短缺、重要农产品有效供给的压力增大。随着中国人口总量不断增长、工业用途不断拓宽和消费结构转型升级，我国农产品供求紧平衡的特征更加明显。据有关测算，2020年我国粮食需求或将达14 400

---

① 张红宇. 牢牢把握现代农业发展新常态[J]. 中国农村金融，2015（4）.
② 张红宇. 农业部农村经济体制与经营管理司. 把握新常态下农业发展的趋势性变化[N]. 人民日报，2015-03-16.

亿斤，而以我国农业各方面条件综合计算，2020年的粮食产量约为13 000亿斤，可能产生1 400亿斤左右的缺口。①

（2）农产品国际市场竞争力不足、农业比较效益低下的问题突出。近年来，国际农产品市场竞争加剧对我国农产品产生较大冲击。据农业部市场信息司数据，国内大豆、猪肉、牛肉、羊肉等农产品的批发价或到港价比进口到岸税后价普遍高出10%～50%。据海关总署数据，2016年，大豆进口量达到8 391万吨，较2015年增幅为2.7%，再创历史最高纪录②；2016年，中国进口谷物及谷物粉2 199万吨，进口金额达57.05亿美元③。可见，国际国内农产品市场价格倒挂现象日益凸显，国际竞争愈发激烈。④ 同时，受物质成本、土地租金、人工费用上涨的影响，我国主要农产品生产的经济成本越来越高，而农产品市场价格并未同步上涨，农业比较效益低下的问题依然严峻。

（3）农业劳动力结构性短缺现象日益加剧。随着农村大量青壮劳动力持续向城市及非农就业转移，农业劳动力结构性短缺态势日益加剧，主要表现在3个方面：第一，农户的兼业化。由于经营农业的比较收益低下，多数农户家庭仅在短时间内进行农业经营。农业部数据显示，2012年，我国农业兼业户和非农业兼业户分别占农户总数的17.9%和8.5%⑤，这表明农民已不再以务农为主。第二，农业副业化。根据统计数据显示，农业对农民纯收入的贡献比重明显降低，从1985年的75%降至2015年的39%。⑥ 第三，劳动力弱质化。随着农村青壮年劳动力的转移，农业劳动力表现出低文化、老龄化的特征，结构性短缺明显。可以说，当前农户不以农业为主，农民不以农业为生，农业劳动力素质低下，新生代农民工务农意愿淡薄。⑦

1.1.2.2 农业发展中面临的新机遇

在看到经济新常态与农业发展新阶段带来的新挑战的同时，我们也不应忽

---

① 余欣荣. 我国现代农业发展形势和任务 [J]. 行政管理改革，2013（12）.
② 中国海关. 2016年大豆进出口数据 [EB/OL]. 中华人民共和国海关总署，（2017-02-09）[2019-12-13]. http://www.customs.gov.cn/publish/portal0/.
③ 中国海关. 2016年中国谷物及谷物粉进口量 [EB/OL]，中华人民共和国海关总署，（2017-02-27）[2019-12-13]. http://www.customs.gov.cn/publish/portal0/.
④ 张红宇. 牢牢把握现代农业发展新常态 [J]. 中国农村金融，2015（4）.
⑤ 农业部经管司，经管总站研究组. 构建新型农业经营体系，稳步推进适度规模经营 [J]. 毛泽东邓小平理论研究，2013（6）.
⑥ 国务院发展研究中心农村部课题组. 稳定和完善农村基本经营制度研究 [M]. 北京：中国发展出版社，2013.
⑦ 陈泳. 难题与破解：农村土地"三权分置"的实现路径探析 [J]. 福建论坛（人文社会科学版），2017（10）.

略农业发展过程中出现的新机遇。

（1）工业化、信息化、城镇化对农业现代化的支撑带动作用更为有力。我国工业化进程已进入中后阶段，2017年，工业增加值已占当年国内生产总值的40.5%[1]；2016年，我国信息化发展指数达72.8%，全球排名已攀升至第25位[2]；城镇化进程也不断加快，2017年城镇人口占总人口比重达58.5%[3]。我国工业化、信息化、城镇化的快速发展对改造传统农业具有巨大的牵引作用。工业化进程的快速推进为传统农业的改造提供了先进的生产要素和现代管理手段，能够促进农业向集约化和规模化发展，还能减轻农业劳动力的就业压力；信息化的快速发展则为改造传统农业提供了重要的技术支撑，通过运用现代信息技术可以全面提高农业质量，加快转变农业发展方式；城镇化的加速推进为城乡融合发展创造了条件，通过城镇二、三产业对农村的渗透、辐射作用，有助于构建现代农业产业体系，增强农业市场竞争能力。[4]

（2）技术变革为农业发展提供了强大动力。农业现代化离不开先进科技的有力支撑：一方面，生产技术处于快速发展的阶段，生态农业和绿色农业技术得到普及，构成了传统农业转型升级的坚强基础；另一方面，信息技术得到广泛的利用，改造效应不断显现。首先，过去的城乡关系相对隔离，农村相对闭塞。而互联网技术让城乡之间能够更好地沟通，为城乡一体化发展创造了可能。其次，农产品和农民通过网络技术可以较快进入市场，拓宽农产品销路，同时降低运输和存储等流通成本。第三，移动互联技术在一定程度上弥补了农民受教育程度低的短板，移动端口可以使农民更加便捷地获取信息，智能技术的应用也能极大地提升其种植、养殖能力。[5]

（3）农村改革的全面深化为农业现代化发展提供新活力。我国农业农村各方面的体制改革和机制创新正迎来全新活力。比如，在深化农村土地制度改革方面，适时推出了农地"三权分置"改革，使农村土地产权关系进一步明确，也有利于土地资源的优化，促进多种形式适度规模经营的发展。在推进农村集

---

[1] 中华人民共和国国家统计局. 中华人民共和国2017年国民经济和社会发展统计公报 [EB/OL]. (2018-02-28) [2019-12-15]. http://www.stats.gov.cn/tjsj/zxfb/201802/t20180228_1585631.html.
[2] 中国互联网络信息中心. 2016年国家信息化发展评价报告 [R]. 2016-12-27.
[3] 中华人民共和国2017年国民经济和社会发展统计公报 [EB/OL]. 中华人民共和国中央人民政府, (2018-02-28) [2019-12-15]. http://www.gov.cn/xinwen/2018-02/28/content_5269506.htm.
[4] 冯献, 李宁辉, 郭静利. "四化同步"背景下我国农业现代化建设的发展思路与对策建议 [J]. 农业现代化研究, 2014（1）.
[5] 韩长赋. 中国农业怎么搞？机遇在哪里？前景如何？[J]. 中国农业信息, 2017（8）.

体产权制度改革方面,提出了探索农村集体所有制有效实现形式,不断改革完善集体资源、资产配置手段,有利于调动农民发展现代农业的积极性。[1] 在农业供给侧结构性改革方面,强调要优化农业产业体系、生产体系、经营体系,有利于增加农民收入,提高农业供给质量。

1.1.3 农村基本经营制度面临六大矛盾

在我国经济发展进入新常态和农业经营格局发生重大转变的背景下,对于农业发展中的新挑战,当前的农村基本经营制度无法全面应对和解决;对于农业发展中的新机遇,当前的农村基本经营制度无法完全把握和运用,由此出现了一定的不适应,其弊端和缺陷开始逐渐凸显,与农村经济社会发展产生了一定的矛盾。这些矛盾主要表现在以下6个方面。

(1) 家庭经营和适度规模经营之间的矛盾。长期以来,我们发挥家庭经营的优势,极大地解放了我国农村生产力。但是,这一制度也造成农户经营规模的狭小和地块的细碎化,有数据显示,目前全国有2.29亿承包农户,户均耕地仅有7.5亩,这对农业现代化存在着不利影响,难以取得规模效应,限制了对科技和机械的需求,生产过程难以标准化,和大市场的对接困难,抗御风险的能力弱。[2]

(2) 家庭经营与农民增收之间的矛盾。增加农民收入一直是我国"三农"政策的核心目标之一。但是,从我国目前的农业和农村发展的情况来看,农户家庭经营"小而全、小而散"的格局明显,这种经营方式无法发挥分工协作的优势,无法获得相应的规模经济和范围经济,从而使得农业生产成本较高、农业经营效益低。2016年,人均工资性收入在农民人均可支配收入中的比重已经达到40.6%,已超过人均经营性收入38.3%的比重,[3] 农业经营让农民增收乏力的趋势逐步显露。

(3) 家庭经营与农村生态环境保护之间的矛盾。近年来,生态文明理念逐步深入人心,全社会的环境保护意识不断增强,原来长期被人们忽视的农村生态环境保护问题逐步成为社会关注的问题。实际上,我国长期坚持的以家庭为基础的经营制度在一定程度上不利于农村生态环境的保护。广大农民往往只从微观目标出发,追求农业增产目标,而不太关注生态环境保护等宏观问题,导

---

[1] 中共中央国务院关于稳步推进农村集体产权制度改革的意见 [N]. 人民日报, 2016-12-30 (1).
[2] 杜鹰. 关于新时期"三农"工作的几个问题 [J]. 宏观经济管理, 2013 (3).
[3] 年度数据 [EB/OL]. 中华人民共和国国家统计局网站, [2019-12-31]. http://data.stats.gov.cn/easyquery.htm?cn=C01.

致农民大量使用化肥、农药和地膜等农业投入品，或者对土地进行掠夺式经营，破坏土壤结构和肥力。

（4）统一经营与社会化服务滞后之间的矛盾。我们发展现代农业的必然要求是，建设完善的社会化服务体系，实现统一经营，使广大分散农户能够享受服务规模经济。但现阶段，我国的农业社会化服务体系还远无法满足现代农业发展的要求，公共服务组织不健全，公益性服务能力有待提高，农业专业合作社的凝聚力和服务能力有待进一步提升，龙头企业与其他经营主体的利益联结机制不完善，带动能力不够强，经营性服务组织运行不够规范，服务针对性需进一步提高，各类服务主体之间也缺乏合作与协调。

（5）统一经营与农村集体经济薄弱之间的矛盾。统一经营的实现要求农村集体经济组织应有一定的经济实力作为保障，同时发挥其自身的服务功能，为统一经营奠定牢固的基础。但自2006年税费改革以来，集体经济组织逐渐丧失了其发挥"统"的功能的内生资源。农业部的统计数据显示，2013年无经营收益的村占全国村集体总数的54.5%，年收益10万元以上的村仅占7.8%。① 农村集体经济组织实力薄弱的现实导致其无法为统一经营提供必要的服务，农业统一经营缺乏牢固的基础。

（6）家庭经营与统一经营之间配合不协调的矛盾。家庭经营和统一经营是我国农村基本经营制度两个不可分割的部分，两者相互促进、相互协调。从我国三十多年的实践来看，我们在家庭经营层面坚持得很好，家庭经营也具备了十分牢固的基础。但是，在统一经营层面却缺乏保障和基础，也就导致家庭经营的发展受到一定影响，农户无法享受专业化、社会化的统一服务，也得不到农村集体经济组织的有力保障。因此，要进一步坚持和完善我国农村基本经营制度，必须在新形势下妥善处理和协调家庭经营与统一经营之间的关系，促进二者良性发展。

1.1.4　研究的理论价值和现实意义

1.1.4.1　理论价值

面对我国经济社会及农业农村发展的新变化、新要求、新挑战和新机遇，面对我国农村基本经营制度与之表现出来的不适应性与矛盾，理论和实践中都有不少人对我国是否有必要继续坚持农村基本经营制度提出了质疑，对于如何完善农村基本经营制度也缺乏系统性指导。学术界对农村基本经营制度的科学

---

① 郭庆海. 当前农村改革的若干重大问题［J］. 当代经济研究，2015（2）.

内涵和发展要义研究不足，实践部门对巩固和完善农村基本经营制度的理解也存在误区，理论上的重大缺失导致实践工作出现了偏差。对于这些问题，本书将从学理的视角进行全面阐释，给予清楚的回答，提出巩固和完善农村基本经营制度动态统一的实现方式——农村基本经营制度的多元化实现形式，从而在理论上根本性地解决两大问题：一是如何巩固农村基本经营制度以及在巩固的过程中如何完善这一制度的问题；二是如何将各地有效的农村基本经营制度实现形式进行梳理、提炼和总结，将我国农业农村发展实践和经验上升到理论层面的问题。这对于构建中国特色农业经营理论，发展中国特色社会主义政治经济学，丰富世界农业发展模式，具有重要的理论价值。

1.1.4.2　现实意义

本书将从现实角度出发对一些重要问题及误解进行解决及澄清，树立科学的发展观及方法论，研究不同农村基本经营制度实现形式的基本特征，分析不同农村基本经营制度实现形式的制度效应及形成条件，提出不同农村基本经营制度实现形式的发展规律、推广途径及完善措施等。在对这些问题的回答过程中，完成对我国农村基本经营制度发展的关键环节和重点领域的深入研究。这样一方面有利于推进我国农村全面深化改革，有效破除各类机制弊端，进而完善和发展中国特色社会主义制度；另一方面有利于进一步解放和发展农村生产力，破解我国农业发展面临的各种复杂矛盾和问题，对于拓宽农民增收渠道，逐步缩小城乡差别，实现城乡发展一体化，推进中国特色农业现代化发展以及全面建成小康社会具有重要的现实意义。

1.2　现有研究综述

学术界对我国农村基本经营制度相关问题的研究开展得较早，国内外学者都对该制度及其各个构成要素做了相关研究，成果极为丰富。

1.2.1　国外代表性观点评述

中国农村基本经营制度是根据我国特殊的国情和农情创造出来的、符合我国基本国情的独特经营制度，与世界其他国家通用的农业发展模式都不相同，因此，国外针对"中国农村基本经营制度"的专门研究较少。但学者们对农村基本经营制度的三个构成要素①展开了较为全面的研究,代表性观点如下。

1.2.1.1 关于农地产权制度的探讨

关于农村土地所有权形式的探讨。一些学者对中国当前的农村土地制度提出了批评,如赵和文(Zhao & Wen,1998)指出,土地的集体管理弱化了家庭的农村社会保险的功能,而地权长期化则能促成农民消费和积累模式的变化。② 也有学者反对这一看法,孟高峰(Meng Gaofeng,2016)采用安东尼·奥雷诺对所有权的分析范式,论证了中国土地制度是"完全自由所有权"概念之外的另一种存在。虽然在新自由主义推崇的私有产权理论下,它被认为是一种模糊和不稳定的产权,但是与哈罗德的产权模型相比,以安东尼·奥雷诺的权利束产权理论来理解中国土地制度更为准确。③

关于农村土地制度创新方向的探讨。张君浩(Zhang Junhao,2011)认为,在中国农村土地产权制度改革的过程中,农地使用权的创新已被制度化确定下来,作为不断解决家庭承包经营制内在弊端的有效机制。中国政府当前的政策脉络是,要在农地过度集中、保护农民土地权益、维持农村土地集体所有三者之间维持一种平衡,而以市场机制为导向的土地使用权流转改革应是实现这一目的的关键机制。④ 金素涵(Kim Suhan,2012)指出,近年来中国政府的土地政策目标是保护农民土地使用权和提高土地资源使用效率,而要提高农民土地收益,集体所有权还应该让渡出一些额外权利。⑤

关于农村土地流转的探讨。学者们从农村土地流转的地位作用、影响因素、存在障碍、主要原因及应对策略等多个方面展开了研究。裴成浩(Sung-Ho Bae,2016)认为,土地承包经营权流转是解决当前问题和农村土地产权制度的核心环节,有利于优化农村土地资源配置,促进农村经济的发展。但土地承包经营权的不确定性和期限问题,以及农村集体经济组织的不完善使得农民对土地产生依赖性,导致土地承包经营权流转在实践中越来越困难。作者从土地承包经营权流转的相关立法、农村社会保障、土地市场的监督、管理和仲

---

① 根据本书的观点,农村基本经营制度的构成要素分为农地产权制度、农业经营主体和农业经营方式三个方面,具体分析见第三章。
② 转引自沈志群. 中国农村土地制度创新研究综述[J]. 现代经济探讨,2009(3).
③ Meng Gaofeng. Contemporary China's Rural Landownership with Reference to Antony M. Honore's Concept of Ownership [J]. Journal of Economic Issues,2016,vol. 50.
④ Zhang Junhao. Rural Land Tenure System Reform in Post-Reform China—On the Institution of Market-Led Transfer of Land Use Rights [J]. Journal of Sinology and China Studies,2011,vol. 52.
⑤ Kim Suhan. Study on the China's Rural Land Use Reforms:Focusing on Dual Land Tenure System [J]. The Journal of Modern China Studies,2012,vol. 13.

裁等方面提出了改进方案。① 麦克·卡伦和贾夫里·阿兰（Macours Karen, de Janvry Alain, Sadoulet Elisabeth, 2010）运用委托-代理模型分析了流出方的决策行为模式，在该模式中，流出方将考虑土地流失到流入方的风险，以及合同约束力随着社会关系的疏离而降低的风险。结果显示，土地产权的不稳定将导致土地租赁市场转向人情关系市场，极大地限制了租赁市场的规模和流入方的可选择性，造成较高的效率成本。模拟结果还表明，提高土地产权稳定性将会使土地租赁成交量提高21%，因而提高土地产权稳定性对流入方和流出方都有裨益。②

对现有农村土地产权制度改革的探讨。首先，学者们研究了农村土地使用权的稳定性。克鲁塞科夫（Krusekopf, 2002）梳理了中央政府的土地政策，运用数据分析了中国不同地区土地使用权稳定性和土地市场的发展情况，发现在地方层面土地使用政策具有巨大的异质性，在此基础上探索了不同的村庄特征，以理解土地再分配的影响因素。③ 龚建国（Kung, 2000）提出，村庄内部经常由于人口增减而进行频繁的土地再分配，这往往被认为是损害土地使用稳定性的行为，但对多数村庄的实际调查结果却无法证实这一看法。其原因在于，首先，土地再分配从总体上来说并不频繁且仅限于特定范围内，这反而会增强农民经营同一地块的预期；其次，村庄的土地资源禀赋和非农收入机会会有效降低土地再分配的交易成本。④

接着，学者们分别研究了农地制度对农业生产投入和生产效率产生的影响。李刚和罗泽尔等人（Li and Pozells S, 1998）的研究表明，中国农村土地使用权及相关产权安排会影响农民的生产行为，最显著的就是土地的长期使用权会促进农民增加土地节约型资本的投入。他们认为，土地集体－私有之间生产效率差异小于农村基本经营制度建立前的土地公有－私有之间的生产效率差异。⑤ 穆兰·卡特里娜和格罗斯让·波琳（Mullan and Grosjean, 2010）则研

---

① Sung-Ho Bae. Research on The System of Land Contract Management Right [J]. Corruption Studies Review, 2016, vol. 21.
② Macours Karen, de Janvry Alain, Sadoulet Elisabeth. Insecurity of Property Rights and Social Matching in the Tenancy Market [J]. European Economic Review, 2010, vol. 54.
③ Krusekopf C C. Diversity in Land-tenure Arrangements under the Household Responsibility System in China [C]. China Economic Review, 2002, vol. 13.
④ Kung J K S. Common Property Rights and Land Reallocations in Rural China: Evidence from a Village Survey [J]. World Development, 2000, vol. 28.
⑤ Li G, Rozelle S, Brandt L. Tenure, Land Rights, and Farmer Investment in Centives in China [J]. Agricultural Economics, 1998, vol. 19.

究了中国不完整的农村土地产权制度对农村劳动力转移决策的影响,以及土地承包周期不稳定对土地租金的影响。① 王慧和里丁格·杰弗里(Wang and Riedinger,2015)通过对中国六个省份、两个时期的面板数据进行计量分析得出,颁发土地权证及减少土地的重新分配会促使农户家庭将土地流转给非农主体。且与 2000 年相比,随着时间的推移,颁发土地权证的影响作用越来越大。②

总体来说,目前外国学者对我国农村土地产权制度的研究已从简单的对土地所有制优劣的比较,转向了更深入、更细节的研究,如土地流转的发展情况、模式评价及效益分析,土地制度创新滞后的原因、应坚持的方向,土地再分配及使用权稳定性的影响因素及其实际考察,以及农村土地制度对农业生产效率、农民收入增长和农村社会发展的影响关系研究。国外学者对我国农地产权制度的研究较为实用,对我国农地产权制度的创新和完善有借鉴之处。

1.2.1.2 关于农业经营主体的探讨

国外的农业经营主体主要是家庭农场和公司,因而以何种农业经营主体为主导实现农业现代化、家庭农业处于何种地位以及工商资本投资农业等议题在很长时间内都是农业领域的关注重点。保罗·科利尔(Paul Collier,2009)认为,要满足全球人口增长对世界粮食产量的要求,唯一的出路是"农业资本主义产业化"③;伯恩斯坦(Bernstein,2000)主张,与家庭经营农业相对比,公司经营具有效率优势,且能提供更为优质廉价的食品供给。④

同时,也有大量反对将农户家庭与发展现代农业对立起来的观点,他们认为农业现代化并非必须由法人或公司经营替代农户家庭。如亚普·波斯特(Jaap Post,2003)曾指出,在欧洲、美国以及全球其他许多地区,农业的主导形式都是家庭农场,其原因有三:一是社会心理对家庭农场的生存能力产生影响,二是由于政策或在政策中反映的社会观念,三是农业存在使用劳动力的

---

① Mullan Katrina, Grosjean Pauline. Land Tenure Arrangements and Rural-Urban Migration in China [J]. World Development, 2011, vol. 39.
② Wang Hui, Riedinger Jeffrey, Jin Songqing. Land Documents, Tenure Security and Land Rental Development: Panel Evidence from China [J]. China Economic Review, 2015, vol. 36.
③ Paul Collier. The Bottom Billion: Why the Poorest Countries are Failing and What Can be Done about It [M]. Oxford: Oxford University Press, 2008.
④ Bernstein Henry. "The Peasantry" in Global Capitalism: Who, Where and Why [M]. London: Merlin Press, 2000. 转引自张晓山. "入世"十年:中国农业发展的回顾与展望 [J]. 学习与探索, 2012 (1).

代价。① 米格尔·阿蒂埃里和克拉拉·尼科尔斯（Miguel Artieri & Clara Nichols，2000）也指出，如果考察总产出而非单一作物产量，其实小农场的生产效率比大农场更高，粮食价格危机的起因不是小农农业的衰败，关键在于农业公司化经营。② 库西斯（Kusis，2015）运用描述、比较和统计的方法，从组织数量、经营面积和经济作用等角度分析了家庭农场在欧盟国家农业中的地位和特征，认为农户家庭是欧洲最常见的经营组织，且在欧盟占有重要地位，有助于农村地区的经济社会和环境可持续发展。

此外，学者们也对小农场与大农场的特点和经营效率比较展开了研究。凯瑟琳·弗雷德（Catherine Fred，2002）通过研究指出，小农场普遍贫穷而劳动力富足，大农场普遍富裕而劳动力稀缺，但小农场的生产效率往往比大农场低。大农场在抵御自然及市场风险，取得贷款及政策支持等诸多方面都有较高优势，导致大农场比小农场的经营效率更高（Kevane，1996）。③

总的来说，国外学者对于农业经营主体的探讨主要集中在家庭农场和农业企业的比较上，对于家庭农场和农业企业在发展生产力、保障粮食安全和实现农业现代化等方面的地位和作用有所争论，得出的结论也不一而足。在家庭农场内部，学者们主要探讨小农场和大农场在劳动生产率、农民收入水平之间的差异。普遍的认识是，小农场在农业经营的某些方面仍然具有优势，大农场在抵抗风险、提高收入等方面优于小农场。这些研究成果有利于我们更加清楚地认识农户家庭在现代农业中的定位及其未来的发展完善方向。

1.2.1.3 关于农业经营方式的探讨

在国外，学者们对家庭经营、公司经营、合作经营、集体经营等具体经营方式分别进行了研究。家庭经营方面，格拉斯·卡拉（Gras Carla，2009）指出，家庭经营仍然在全球范围内占据主导地位，且不同地区的家庭经营都采取了越来越多样化的形式。研究发现全球都在经历着家庭经营的分化，越来越多的家庭经营者获得了企业家职能且深度融入全球化。④ 公司经营方面，韦勒·萨莉和史密斯·艾琳（Weller Sally & Smith Erin，2013）通过对农业企业的问卷调查，研究了农业经营在何种情况下会采取公司经营的方式，其影响因素

---

① 道欧，鲍雅朴. 荷兰农业的勃兴——农业发展的背景和前景［M］. 北京：中国农业科学技术出版社，2003.
② Miguel Altieri, Clara Nicholls. Agriculture: Food for the Future［J］. Agricultural and Forest Entomology，2000，vol. 6.
③ 转引自沈志群. 中国农村土地制度创新研究综述［J］. 现代经济探讨，2009（3）.
④ Gras Carla. Changing Patterns in Family Farming: The Case of the Pampa Region, Argentina［J］. Journal of Agrarian Change，2009，vol. 9.

包括农户家庭构成、农民年龄情况和经营面积规模等。① 合作经营方面，杨宣（Tuan Yang，2016）认为，通过合作经营，规模较小的独立农户获得了综合服务，突破了小规模经营和现代农业之间的困境。通过合作经营，可以实现土地生产率的提高，农产品质量的改善和农民收入的增加，从而防止小规模家庭经营的消失。② 帕克（Park，2013）研究了中国农业产业化及合作经营的相关理论与实践，考察了合作经营的存在形式、经营问题及其改善措施。③ 集体经营方面，米洛瓦诺维奇·弗拉基米尔和米歇荣·卢博斯（Milovanovic Vladimir & Smutka Lubos，2015）认为，集体经营可能面临的最大障碍在于金融方面以及经营规模的选择，该规模应适用于成本节约型机械对劳动密集型机械的替代。同时，他们强调集体经营的形成与发展特别离不开政府的支持。④

此外，学者们还对近年来我国各地的农业经营方式的创新进行了关注。赵东杰（Dong-Je Cho，2011）认为，土地股份合作制是特定历史环境下的一种制度创新形式，它丰富了家庭承包经营制的内涵，对规模经营和农业现代化具有重大意义，因而应是未来发展的方向。⑤ 张浩俊（Zhang Haojun，2011）对股份合作制、联耕联种制、土地托管制等多种方式进行了分析，认为它们都是在特定条件下的经营方式创新，旨在达到规模经济。⑥

总体看来，国外学者对我国农业经营方式的研究开展较早，内容也比较全面，既涉及农业生产经营方式及其效率的改进，农业生产经营方式的变迁理论及路径，农业生产经营方式的选择依据及发展方向，也对家庭经营、公司经营、合作经营、集体经营等经营方式方面进行了研究，对许多中国特色农业经营方式的创新形式也有所涉猎。但对于我国各经营方式间的合作与联合形式，

---

① Weller Sally, Smith Erin F, Pritchard Bill. Family or Enterprise? What Shapes the Business Structures of Australian Farming? [J]. Australian Geographer，2013，vol. 44.
② Tuan Yang. Nongs（Farmer，Agriculture，and Farm Village）[J]. The Korean Journal of Cooperative Studies，2016，vol. 34.
③ Park. Theory and Practice of China's Cooperatives since the Post-socialism: A Case of Peng Lai City Wine Producing Areas, Shandong Province, China [J]. The Journal of Modern China Studies，2013，vol. 14.
④ Milovanovic Vladimir，Smutka Lubos. Establishing Food Security for Bangladesh's Rural Poor through Sustainable Collective Farming Practices [C]. Agrarian Perspectives XXIV: Global Agribusiness and The Rural Economy，2015.
⑤ Dong-Je Cho. Legal Issues on the Rural Land Contracting Management Right Becoming a Shareholder in China [J]. The Journal of Property Law，2011，vol. 27.
⑥ Zhang Haojun. Rural Land Tenure System Reform in Post-Reform China-On the Institution of Market-Led Transfer of Land Use Rights [J]. Journal of Sinology and China Studies，2011，vol. 52.

以及如何实现分散经营和统一经营的有机结合等方面的研究还不够深入。

1.2.2 国内代表性观点评述

我国对农村基本经营制度的研究开展较早,也取得了丰富的成果,本书将从农村基本经营制度及其三个构成要素这四个层面进行阐述。

1.2.2.1 关于农村基本经营制度的研究

首先,学者们回顾了我国农村基本经营制度的变迁,他们在理论及实证方面做了大量分析。刘笑萍(2009)认为,中国农村基本经营制度和结构的演变历史,其实就是以不同时期生产关系的不断调整来适应不同时期生产力发展水平的演变史。① 赵光元和张文兵等(2011)则认为,我国农村基本经营制度的变迁过程既有强制性变迁因素,也有诱致性变迁因素。②

接着,学者们对理论界与实践界围绕着农村基本经营制度进行的各种争论与试验做出了明确回答。针对部分认为农村基本经营制度"不合时宜",应该予以渐进替代,甚至出现全盘否定的观点,学者们对坚持农村基本经营制度的必要性进行了一定论证。韩俊(2014)明确指出,农村的基本经营制度应该坚持不动摇,创新农村的经营体制应该不跑偏。③ 谭小芍(2015)也认为,农村基本经营制度在农村改革大潮中经受住了考验,符合农业生产特点,符合农民群众意愿。④ 李尚蒲(2015)则通过探讨家庭经营的适应性问题和统分结合的必要性问题,论证了稳定中国农村基本经营制度的依据。⑤ 翟涛和胡俊等(2016)则从家庭分散经营和集体统一经营的联动,工业化、城镇化和农业现代化的牵动及农业产业化经营的带动三个方面论述了我国农村基本经营制度的制度潜力,侧面论证了坚持我国农村基本经营制度的必要性。⑥

当然,学者们也普遍认同,我国农村基本经营制度还需要不断完善和创新,才能保持活力,从而承担起农村经济发展和社会进步的重任。韩长赋(2013)强调,不断完善农村基本经营制度是为了解决未来"谁来种地"的突

---

① 刘笑萍. 论我国农村基本经营制度的演变与创新[J]. 经济地理, 2009 (2).
② 赵光元, 张文兵, 张德元. 中国农村基本经营制度的历史与逻辑——从家庭经营制、合作制、人民公社制到统分结合双层经营制的变迁轨迹与转换关联[J]. 学术界, 2011 (4).
③ 韩俊. 坚持农村基本经营制度,有序推进农村人口市民化[J]. 中国农业信息, 2014 (2).
④ 谭小芍. 坚持和完善农村基本经营制度的新思考[J]. 农业经济, 2015 (11).
⑤ 李尚蒲, 罗必良. 农地调整的内在机理及其影响因分解[J]. 中国农村经济, 2015 (3).
⑥ 翟涛, 胡俊, 孙哲, 韩旭. 我国农村基本经营制度的制度潜力与实现路径[J]. 农业经济, 2016 (2).

出问题和"怎么种地"的重要问题。① 刘同山和孔祥智（2013）指出，近年来我国农村基本经营制度问题凸显：一是农村土地细碎化程度日益严重，集体经济组织"统"的职能弱化，经营制度的固有缺陷亟待修补；二是随着工业化、城镇化建设的加快，经营制度需要进一步完善。②

可见，我国学者对农村基本经营制度的整体研究较为系统和全面，对该制度的认识较为客观和深刻，同时也对农村基本经营制度的一些重大问题进行了有益讨论，为本书的研究提供了较为扎实的前期基础。但是，现有研究也存在着一定不足，如对农村基本经营制度的内涵认识还基本停留在中央文件的解读层面，尚未触及其实质，没有权威和系统的定义，也未能构建起一个经济学理论框架，需要我们从学理上进行突破。同时，理论界对坚持我国农村基本经营制度的必要性及其依据的论证也不够充分和完整，对于各方质疑，亟须我们从历史、现实的视角给予清楚的回答。此外，对"坚持"和"完善"之间的辩证统一关系的研究有较大空缺，也无法提出两者之间相互补充、相互实现的原理和路径，这些都需要我们从理论上将其厘清。

1.2.2.2 关于农地产权制度的研究

农村土地制度是我国农村基本经营制度的制度内核，社会各界针对农村土地产权制度中重大问题的争论就一直没有停止过。

首先，学者们围绕农地私有化展开了争论。主张农地私有化的原因主要有如下几点：一是土地私有化能提高农民收入。中国农业要真正搞起来，土地一定要私有化，要自由买卖。土地私有化会让现在相对贫穷的农民变得富有（杨小凯，2007）。③ 二是土地私有化有利于实现现代化。土地私有产权制度的建立，是建立市场经济和实现"现代化"的必要条件（蔡继明，2009）。④

反对农村土地私有化的学者认为：我国的现实国情决定了土地私有化不可能让大部分农民致富，而只有城镇周边农民可以通过卖地致富，这样反而会导致新的两极分化；土地私有化也不利于保障国家粮食安全和坚持社会主义方向；土地私有化会使中国农民丧失生存和就业底线，危害社会稳定（简新华，

---

① 韩长赋. 科学把握农业农村发展新形势 [J]. 求是，2013 (4).
② 刘同山，孔祥智. 新时期农村基本经营制度的问题、对策及发展态势 [J]. 农业经济与管理，2013 (10).
③ 转引自孔祥智，刘同山. 论我国农村基本经营制度：历史、挑战与选择 [J]. 政治经济学评论，2013 (4)：78—133.
④ 转引自姜栋，胡碧霞. 中国农村集体土地产权制度改革研究综述 [J]. 生产力研究，2013 (5).

2013)。① 也有学者从制度成本和收益的角度出发,认为农地私有化在实践操作上是一个经济成本、社会成本和政治成本都极高而收益极低的选择(钟水映、李春香,2012)。②

同时,学者们围绕农村土地国有化改革展开了探讨。国有化主张派否定了冒进的私有化,他们认为应逐步改革和推行农地国有化。刘成玉(2011)主张全民所有或国有基础上的土地使用权永佃制。③ 李维庆(2007)认为,农村土地国有化不仅有利于明晰和稳定农地产权,还有利于提高政府对土地资源的规划和管理能力。④ 董栓成(2010)认为,中国特色的"国有永佃制"是更有效的公有产权载体创新。⑤ 实行土地国有化,也不一定会遇到很大阻力,因此,农村土地制度改革应以土地国有化为大方向,构建好以公(国)有为导向的多形式土地产权(李济广,2013)。⑥

反对农村土地国有化的学者认为:农地国有化不符合现有的农业生产力发展水平,农地国有化将使政府面临无偿收归和合理补偿的两难选择,农地国有租佃制下土地使用权配置在未来将会面临难题(刘刚、王辉,2015)。⑦ 土地国有制的制度操作成本高,国家所有权需要在农村确定代理人,因土地用途不同,代理关系的交易成本也会很不相同;在耕地上可能发生很高的代理成本,从而造成效率损失(党国英,2005)。⑧

在对农村土地所有制形式的讨论中,有相当一部分学者主张保留现有集体土地所有制。其代表性观点有:土地私有化、国有化改革的交易费用将会异常高昂,而在现有的制度框架内赋予农民有效、明确而完整的土地产权,则容易为广大农民所接受且便于实施(刘荣材,2008)。⑨ 徐美银、钱忠好(2009)也指出,在保持农村土地集体所有制的前提下,进一步完善家庭承包责任制是

---

① 简新华. 中国农地制度和经营方式创新研究——兼评中国土地私有化[J]. 政治经济学评论,2013(1).
② 钟水映,李春香. 农地私有化的神话与迷思[J]. 马克思主义研究,2012(2).
③ 刘成玉. 耕地保护视野的土地产权治理"困境"及至我国粮食安全[J]. 改革,2011(12).
④ 李维庆. 我国农村土地产权制度的残缺及变革方向[J]. 中州学刊,2007(9).
⑤ 董栓成. 农地产权载体创新研究:基于委托—代理视角[J]. 中国软科学,2010(4).
⑥ 李济广. 土地国有制与经济发展、社会平等和生态文明[J]. 社会科学,2013(1).
⑦ 刘刚,王辉. 城乡一体化发展与农村集体土地所有制改革[J]. 理论与改革,2015(3).
⑧ 党国英. 当前中国农村土地制度改革的现状与问题[J]. 华中师范大学学报(人文社会科学版),2005(8).
⑨ 刘荣材. 农村土地产权制度创新模式选择:构建农民家庭土地产权制度[J],经济体制改革,2008(5).

一定时期内我国农地制度改革的最佳方案。①

除了对农村土地集体所有制的肯定，学者们也分析了现有农村土地制度存在的问题。叶兴庆（2014）认为应该进一步深化农村土地产权制度改革。② 其中，农地"三权分置"改革是理论界与实践界讨论的热点。学者们首先从实践角度提出了农村土地"三权分置"改革的必要性和合理性。张毅等（2016）指出，农村土地承包经营权二次分离有强烈的社会诉求和深厚的实践基础。③ 甘藏春（2014）认为，承包经营权具有的社会保障功能要求稳定，流转要限制；承包经营权作为用益物权，又必须按照市场经济的原则流转交易。由此，农村土地必须实行"三权分置"的改革。④

当然，关于农村土地"三权分置"改革，学者们所持的观点褒贬不一。对于农村土地"三权分置"改革的意义和价值，韩长赋（2016）指出，"三权分置"是我国农村改革的又一次重大创新，是农村基本经营制度的自我完善。⑤ 对于"三权分置"改革的质疑则多存在于法学逻辑和制度运行层面。刘守英（2016）认为，仅仅在"三权分离"上做文章，难以解决中国农村发展面临的制度问题。⑥ 陈小君（2014）指出，"三权分置"改革是人为地将法律关系复杂化，在存在物权和债权区分的情况下，这种安排是立法技术的倒退。⑦

对于"三权分置"下所有权、承包权、经营权的权利性质及其权能内容，学术界可谓充满争议，观点纷纭。对于土地承包权所属性质的争议，主要集中于"成员权说"（刘俊，2007⑧；申惠文，2015⑨）和"物权说"（郜永昌，

---

① 徐美银，钱忠好. 我国农地制度变迁的内在逻辑 [J]. 江苏社会科学，2009（5）.
② 叶兴庆. 从"两权分离"到"三权分离"——我国农地产权制度的过去与未来 [J]. 中国党政干部论坛，2014（6）.
③ 张毅，张红. 毕宝德. 农地的"三权分置"及改革问题：政策轨迹、文本分析与产权重构 [J]. 中国软科学，2016（3）.
④ 朱道林，王健，林瑞瑞. 中国农村土地制度改革探讨——中国土地政策与法律研究圆桌论坛（2014）观点综述 [J]. 中国土地科学，2014（9）.
⑤ 韩长赋. 土地"三权分置"是中国农村改革的又一次重大创新 [J]. 农村工作通讯，2016（1）.
⑥ 刘守英. 以"三权分置"重构农地权利体系 [J]. 农村经营管理，2016（11）.
⑦ 陈小君. 我国农村土地法律制度变革的思路与框架——十八届三中全会《决定》相关内容解读 [J]. 法学研究，2014（7）.
⑧ 刘俊. 土地承包经营权性质探讨 [J]. 现代法学，2007（3）.
⑨ 申惠文. 法学视角中的农村土地三权分离改革 [J]. 中国土地科学，2015（3）.

2013[1]；陈锡文，2013[2]）；对于土地经营权所属性质的争议，主要集中于"物权说"（潘俊，2014[3]；蔡立东、姜楠，2015[4]）及"债权说"（李伟伟，2016[5]；陶钟太朗、杨遂全，2015[6]）。除此之外，所有权、承包权、经营权各自的权能边界在何处、具体应包含哪些权能内容等问题也引起了广泛探讨（李国强，2015[7]；张红宇，2014[8]；陈朝兵，2016[9]；普金霞，2015[10]）。

　　对于农村土地"三权分置"改革的具体实践，学术界从不同角度对其进行了一定的研究。具体包括"三权分置"改革在实践过程中要处理的问题、面临的障碍（陈金涛、刘文君，2016）[11]以及潜在的风险（潘俊，2014[12]；宋志红，2015[13]），"三权分置"的实践形式（韩长赋，2016）[14]、实现形式（杨继瑞、薛晓，2015）[15]与路径（潘俊，2015）[16]，实施"三权分置"改革的对策建议及相应措施（康涌泉，2014[17]；何立、罗帅，2015[18]）。

　　可见，国内学术界已围绕农村土地产权制度开展了广泛的讨论，进行了多方面的分析、阐释与探索，也取得了较为丰富的成果。总体来说，理论界和实

---

[1] 邰永昌. 论农村土地登记治理功能及其实现［J］. 咸阳：西北农林科技大学学报（社会科学版），2013（7）.

[2] 冯华，陈仁泽. 中农办主任陈锡文：农村土地制度改革底线不能突破［J］. 农家参谋（种业大观），2013（12）.

[3] 潘俊. 农村土地"三权分置"：权利内容与风险防范［J］. 中州学刊，2014（11）.

[4] 蔡立东，姜楠. 承包权与经营权分置的法构造［J］. 法学研究，2015（5）.

[5] 李伟伟. "三权分置"中土地经营权的性质及权能［J］. 中国党政干部论坛，2016（5）.

[6] 陶钟太朗，杨遂全. 农村土地经营权认知与物权塑造——从既有法制到未来立法［J］. 南京农业大学学报（社会科学版），2015（2）.

[7] 李国强. 论农地流转中"三权分置"的法律关系［J］. 法律科学（西北政法大学学报），2015（11）.

[8] 张红宇. 三权分离、多元经营与制度创新——我国农地制度创新的一个基本框架与现实关注［J］. 南方农业，2014（1）.

[9] 陈朝兵. 农村土地"三权分置"：功能作用、权能划分与制度构建［J］. 中国人口·资源与环境，2016（4）.

[10] 普金霞. 农村土地三权分离法律思考——基于权能分割和成员权视角［J］. 人民论坛，2015（9）.

[11] 陈金涛，刘文君. 农村土地"三权分置"的制度设计与实现路径探析［J］. 求实，2016（1）.

[12] 潘俊. 农村土地"三权分置"：权利内容与风险防范［J］. 中州学刊，2014（11）.

[13] 宋志红. 农村土地"三权分置"改革：风险防范与法治保障［J］. 经济研究参考，2015（4）.

[14] 韩长赋. 土地"三权分置"是中国农村改革的又一次重大创新［J］. 农村工作通讯，2016（1）.

[15] 杨继瑞，薛晓. 农地"三权分离"：经济上实现形式的思考及对策［J］. 农村经济，2015（10）.

[16] 潘俊. 农村土地承包权和经营权分离的实现路径［J］. 南京农业大学学报（社会科学版），2015（7）.

[17] 康涌泉. 三权分离新型农地制度对农业生产力的释放作用分析［J］. 河南社会科学，2014（10）.

[18] 何立，罗帅. 农地产权"两权分离"到"三权分离"——基于新制度经济学视角的解读［J］. 农村经济，2015（5）.

践界一直存在农村土地私有化和国有化的声音,而许多学者都对此做出了明确的回答和原因剖析,大部分人认为应继续坚持我国农村土地集体所有制。在此过程中,学者们也正视了我国农村土地制度的弊端和不足之处,也提出了相应的改革思路,特别是对农地"三权分置"理论上和实践中的重大问题进行了全面系统的分析。但是,学术界没有将农地产权制度的分析置于坚持和完善农村基本经营制度的视角下进行,也没有将农地产权制度与农业经营主体和农业经营方式等农村改革的重要内容有机地结合在一起,这些都是本书需要具体和深入研究的重要内容。

1.2.2.3 关于农业经营主体的研究

农业经营主体可大致分为农户家庭、专业大户、家庭农场、农民合作社、农业企业、经营性农业服务组织等。目前,理论界对各农业经营主体的分类研究和整体分析可谓不胜枚举。

对于农户家庭,其探讨主要集中在农户家庭能否实现农业现代化的问题上。有些学者认为农户家庭和农业现代化之间存在矛盾,原因可归纳为三个方面。第一,农户经营规模细小、土地分割零碎,这种小块土地格局制约了现代化生产的进行(卫龙宝、储德平等,2009)。[①] 第二,小农经营缺乏吸收技术进步的动力。小农户对农业生产难以进行科学经营管理,造成农业固定资产的重复购置和低效率使用,并严重阻碍农业科技的推广应用(朱靖红、肖倩,2013)。[②] 第三,"小生产、大市场"的问题。单家独户的农户无论是面对市场还是维持基本生产条件都过于弱小(贺雪峰,2011),[③] 农户在进入市场时,交易成本高、风险大(杜志雄、王新志,2013)。[④] 对于以上问题,部分学者提出了不同看法。第一,土地细碎化的原因不是农户家庭经营造成的,人地比例过高才是根本原因(钟甫宁、王兴稳,2010)。[⑤] 第二,小规模农户并不排斥应用先进农业科技,通过购买适宜的农业机械或购买社会化的农业机械服务,也能达到较高的机械化水平和使用效率(长子中,2011)。[⑥] 第三,"小生产、大市场"并非严格规范的经济学命题,并不能代表农户和市场之间的不对

[①] 卫龙宝,储德平等. 中国特色农业现代化道路进程中的主要矛盾与对策[J]. 农业现代化研究,2009(2).
[②] 朱靖红,肖倩. 我国县域经济与农业现代化的发展关系[J]. 江苏农业科学,2013(7).
[③] 贺雪峰. 简论中国式小农经济[J]. 人民论坛,2011(8).
[④] 杜志雄,王新志. 中国农业基本经营制度变革的理论思考[J]. 理论探讨,2013(4).
[⑤] 钟甫宁,王兴稳. 现阶段农地流转市场能减轻土地细碎化程度吗?[J]. 农业经济问题,2010(1).
[⑥] 长子中. 浅析稳定家庭承包经营与适度规模经营的关系[J]. 中国经贸导刊,2011(20).

称性（蒋中一，2002）。①

对于其他农业经营主体，学术界的研究方向主要是各经营主体的功能定位、形成条件及演变趋势、发展问题及对策等内容。关于家庭农场，高强、刘同山等（2013）对其定义、特征及类型进行了梳理与归纳，并对其产生的诱因条件、制度安排与影响进行了探讨。②对于农民合作社，杜鹰（2013）认为，要允许多种形式并存，多样化发展，同时，也要注意向规模化方面引导。③关于公司、企业的定位，陈锡文（2013a）表示，应当支持和鼓励它们为农业提供产前、产中和产后社会化服务。④孔祥智（2014）指出，未来中国农业现代化主体的格局可能是：以专业农户为基础，以专业大户或家庭农场为引领，以农民合作社为中介，以农业企业为龙头。⑤

从农业经营主体的总体发展来看，有学者指出，各类农业经营主体的结构变化趋势受当地自然禀赋、经济发展和土地流转情况的影响（于亢亢、朱信凯等，2012）。⑥发展我国新型农业经营主体，需要在"统"的层面强调主体间分工协作、功能互补，在"分"的层面注重单个主体功能的有效释放（江维国，2014）。⑦

学者们的研究主要集中于对新型农业经营主体的发展困境及解决措施等方面。楼栋和孔祥智（2013）提出，现阶段新型农业经营主体的形成受到经营土地规模小、技术利用水平低、资本密集度低等内部障碍和各项政策缺乏协调性、市场拉力弱等外部障碍的限制。⑧对此，王玉婷和张艺琳（2017）认为，培育新型农业经营主体，要加强土地流转服务，加快发展政策性农业保险，加大对新型农业经营主体的扶持力度，有序推进农业转移人口市民化，加强新型经营主体人才队伍建设。⑨张扬（2014）则提出，从加强组织领导、加大金融

---

① 蒋中一. 农民的土地承包权不可轻易动摇［J］. 中国税务，2002（5）.
② 高强，刘同山等. 家庭农场的制度解析：特征、发生机制与效应［J］. 经济学家，2013（6）.
③ 杜鹰. 认真学习党的十八大精神贯彻落实中央决策部署进一步做好新时期的"三农"工作［J］. 中国经贸导刊，2013（4）.
④ 陈锡文. 当前我国农村改革发展面临的几个重大问题［J］. 农业经济问题，2013（1）.
⑤ 孔祥智. 现行农村基本经营制度下农业现代化的主体研究［J］. 新视野，2014（1）.
⑥ 于亢亢，朱信凯，王浩. 现代农业经营主体的变化趋势与动因——基于全国范围县级问卷调查的分析［J］. 中国农村经济，2012（10）.
⑦ 江维国. 我国新型农业经营主体的功能定位及战略思考［J］. 北方园艺，2014（7）.
⑧ 楼栋，孔祥智. 新型农业经营主体的多维发展形式和现实观照［J］. 改革，2013（2）.
⑨ 王玉婷，张艺琳. 家庭农场对农业保险购买意愿及其影响因素研究——基于江苏省 307 户的调查［J］. 安徽农业科学，2017（7）.

扶持、优化农技服务、完善基建配套等方面来培育新型农业经营主体。①

总体来看，理论界对农业经营主体的分类研究比较充分，研究视角也不仅限于各主体的内涵定义、绩效比较、功能定位及培育路径上，还能以农业经营主体为整体研究对象，运用聚类、方差等多种统计及计量分析方法来解释其结构变化趋势及内在动因，可谓比较完善。但也仍然存在一些不足，没有强调农户家庭在各农业经营主体中的地位，如对农户家庭在农业经营中的基础性地位的依据不够充分翔实，以及农户家庭的基础性地位如何体现与实现等问题都有待进一步解决。

1.2.2.4 关于农业经营方式的研究

关于农业经营方式的研究，学者们多从经营方式的变迁及动因、变革形式和方向、效率评价与比较等方面入手。

关于农业经营方式的变迁及动因，吴菊安和祁春节（2016）认为，农业经营方式是随着农业经营环境的变化而变化的，其中农业制度是诱因，技术变迁是关键，组织形式是核心。中国农村土地制度发生过三次变迁：1949—1953年农村土地改革，1953—1958年互助合作及一系列人民公社运动，1978年之后家庭联产承包责任制。改革开放后农业经营方式的变迁历程为：以家庭承包为基础的双层经营方式—农业产业化的经营方式—农业现代化的经营方式。②同时，也有学者探讨了不同农业经营方式形成的原因。有的分析了宏观制度因素（如农村土地流转制度、农村社会保障制度）③和村庄社会经济条件（如村庄经济发展水平、非农就业水平）④对农业经营方式的影响，有的从微观决策的视角即期望效用⑤、交易成本⑥、社会关系⑦等角度进行了探讨。

关于农业经营方式的变革方向与路径方面，学者们普遍认为，适度规模经

---

① 张扬. 试论我国新型农业经营主体形成的条件与路径——基于农业要素集聚的视角分析 [J]. 当代经济科学 2014（5）.
② 吴菊安，祁春节. 农业经营方式的理论与方法：一个文献综述 [J]. 世界农业，2016（10）.
③ 田凤香，许月明，胡建. 土地适度规模经营的制度性影响因素分析 [J]. 贵州农业科学，2013（3）.
④ 张兰，冯淑怡，陆华良，曲福田. 农地规模经营影响因素的实证研究——基于江苏省村庄调查数据 [J]. 中国土地科学，2015（11）.
⑤ 郭斌，吕涛，李娟娟. 农地转出方选择流转对象的影响因素分析——基于土地可持续利用视角 [J]. 经济问题，2013（1）.
⑥ 贾燕兵. 交易费用、农户契约选择与土地承包经营权流转 [D]. 成都：四川农业大学博士学位论文，2013.
⑦ 钟文晶，罗必良. 禀赋效应、产权强度与农地流转抑制——基于广东省的实证分析 [J]. 农业经济问题，2013（3）.

营将是未来中国农业经营方式演变的必然趋势（吴菊安、祁春节，2016）。①廖祖君和郭晓鸣（2015）提出了农业企业为龙头、农民专业合作社为载体、家庭农户为单元的混合一体化的"公司+合作社+农户"的经营方式。②罗必良、李玉勤（2014）探索了"合作社+地方政府+职业经理人+服务超市"的农业共营制，认为其有可能是破解我国农业经营方式转型的重要突破口，昭示着农业经营体制机制创新的重要方向。③

学术界也对统一经营进行了有益探讨。学者们首先明确了现代双层经营体制中"统"的内涵发生了变化，更加丰富："统一经营"不再是指统一产权、统一经营、统一分配的高度统一经营形式，而是转变为分散经营提供统一的社会化服务（张晓山，2007）。④作为统一经营的重要组织载体，学者们对集体经济组织的职能进行了重新定位。彭海红（2012）认为，如果把村（组）集体经济组织作为社会化服务体系的一个层次，就不能仅强调其服务功能，还必须正视其作为生产资料所有者的决策、管理、协调、资产积累的重要职能，发展壮大集体经济实力。⑤

与此同时，学者们对规模经营实现路径的认识也进行了深化。他们认为，不仅可以通过土地使用权的流转和集中而形成规模较大的家庭农场，也可以通过一定的产前、产中和产后联合，实现经营规模的扩大（柯炳生，2007）。⑥将家庭经营卷入分工活动，农业规模经济性的获得可以从土地规模经济转向农业的服务规模经济（罗必良、李玉勤，2014）。⑦从而，构建社会化服务体系也成为统一经营的重要方面。农业社会化服务体系建设与"农业规模化、组织化"是一体两面、相辅相成的（姜明伦、何安华等，2012）。⑧接着，学者们指出了当前农业社会化服务体系存在的不足，并相应提出了构建路径（关锐

---

① 吴菊安，祁春节. 农业经营方式的理论与方法：一个文献综述 [J]. 世界农业，2016（10）.
② 廖祖君，郭晓鸣. 中国农业经营组织体系演变的逻辑与方向：一个产业链整合的分析框架 [J]. 中国农村经济，2015（2）.
③ 罗必良，李玉勤. 农业经营制度：制度底线、性质辨识与创新空间——基于"农村家庭经营制度研讨会"的思考 [J]. 农业经济问题，2014（1）.
④ 张晓山. 创新农业基本经营制度，发展现代农业 [J]. 经济纵横，2007（1）.
⑤ 彭海红. 我国农村基本经营制度改革与反思 [J]. 农业经济，2012（7）.
⑥ 柯炳生. 正确认识和处理发展现代农业中的若干问题 [J]. 中国农村经济，2007（9）.
⑦ 罗必良，李玉勤. 农业经营制度：制度底线、性质辨识与创新空间——基于"农村家庭经营制度研讨会"的思考 [J]. 农业经济问题，2014（1）.
⑧ 姜明伦，何安华，楼栋，等. 我国农业农村发展的阶段性特征、发展趋势及对策研究 [J]. 经济学家，2012（9）.

捷，2012[①]；宋洪远，2010[②]）。

综上，理论界现有关于农业经营方式的研究成果颇丰。既有对改革开放以来农业经营方式变迁过程及动因的分析，也有对家庭经营、公司经营等不同经营方式的效率评价与比较，同时也有对各地不同适度规模经营方式创新的关注和研究，还有对统一经营的内涵深化和完善路径的探讨。但是，对于各农业经营方式如何实现有效合作与联合，分散经营和统一经营之间如何实现相互协调、相互促进，学术界还缺乏深入的研究。

1.3 小　结

纵观现有研究，理论界对农村基本经营制度的研究明显存在不足，集中体现在：①对农村基本经营制度内涵的既有解释还停留在对其进行文件解读式的概念说明的层面，没有权威和系统的定义，也未能构建起一个完整的经济学理论分析框架，亟须我们从学理上进行突破。②对于各地在农村基本经营制度上的创新，现有研究大多仍停留在对该制度或其组织形式微观层面的定性描述上，缺乏对其内在形成机理的深度剖析，也缺乏基于客观实证数据做出的系统性定量评价。③学术界未能从学理上对我国农村基本经营制度的实践和经验进行系统梳理和深刻提炼，未能实现对中国特色社会主义政治经济学理论体系的丰富和发展。因此，本书认为应该在以下方面进一步深化农村基本经营制度的研究：①从研究对象看，需要对中国农村基本经营制度的内涵做出更为清晰和明确的界定，要从理论上解构其科学内涵，深入解读其构成要素，并分析其内在之间的紧密联系，为进一步巩固和完善我国农村基本经营制度提供坚实的理论基础。②需要及时对我国农村基本经营制度的创新实践和经验进行理论上的提炼，并建立起包含内涵与外延、特征分析、评价体系等在内的基本框架。③从实证考察看，对现有农村基本经营制度创新形式的比较分析，应加强对可比性指标的衡量，改善当前研究中简单、机械、定性类比的状况。④从研究方法看，当前的研究方法以定性分析、案例分析为主，需要加强运用数理与统计方法，更直观和准确地刻画不同制度创新的效应。

---

① 关锐捷. 构建新型农业社会化服务体系初探[J]. 农业经济问题，2012（4）.
② 宋洪远. 新型农业社会化服务体系建设研究[J]. 中国流通经济，2010（6）.

2 农村基本经营制度实现形式的基本内涵

本书的研究对象是农村基本经营制度及其实现形式,首先就要对相关基本概念做出正确、科学的说明和阐释,明确农村基本经营制度实现形式的内涵与外延。

2.1 农村基本经营制度及其实现形式的含义

一种经济制度总是通过一定形式来实现的[①],经济制度的性质与实现形式之间有着密切的内在联系[②],不能离开实现形式而抽象地谈论经济制度问题。如果将二者割裂开来,既不能科学地认识农村基本经营制度的本质及其存在的问题,也无法实现和巩固完善农村基本经营制度的统一。

2.1.1 农村基本经营制度的构成要素与含义

我国现行农村基本经营制度是 20 世纪 70 年代末农村改革的产物,并被表述为"把以家庭联产承包为主的责任制、统分结合的双层经营体制作为我国乡村集体经济组织的一项基本制度长期稳定下来,并不断充实完善"[③];1993 年 3 月,以家庭联产承包为主的责任制和统分结合的双层经营体制,作为农村经济的一项基本制度载入了《中华人民共和国宪法》,通过国家根本大法予以确认;现阶段,我国农村基本经营制度以农地农民集体所有制为根基、以农民对集体土地的长久承包权制度为前提,文件表述为"以家庭承包经营为基础、统分结合的双层经营体制,是适应社会主义市场经济体制、符合农业生产特点的

---

① 经济制度的具体实现形式是经济体制。体制又分为基础层和运行层,下文所述农地产权制度属于基础层,农业经营主体和农业经营方式属于运行层。
② 顾钰民. 混合所有制经济是基本经济制度的重要实现形式[J]. 毛泽东邓小平理论研究,2014(1).
③ 中共中央关于进一步加强农业和农村工作的决定[J]. 农村经营管理,1992(2).

农村基本经营制度,是党的农村政策的基石,必须毫不动摇地坚持"。[①]

根据笔者所掌握的文献,将学术界对农村基本经营制度内涵定义进行归纳总结,见表2-1。

表2-1 学术界对我国农村基本经营制度内涵定义一览

作者	年份	主要观点
孙中华	2009	家庭承包经营是双层经营体制的基础,统一经营是双层经营体制不可或缺的组成部分,家庭经营与统一经营是密不可分的有机整体
张德元	2012	坚持主要生产资料公有制,即农村土地公有制,以家庭承包经营为基础和实行统分结合、双层经营体制
陈锡文	2013	我国农村基本经营制度包含三重内容:一是农村土地农民集体所有,二是集体土地承包到户实行家庭经营,三是一家一户办不了、办不好、办起来不经济的事情通过多种形式的统一经营去解决
米运生 罗必良 曾泽莹	2015	坚持"农村土地的集体所有",稳定"家庭经营的主体地位"和"农民土地的用益物权",完善"市场主导的社会服务"
谭小芍	2015	第一,坚持农村基本经营制度的关键是坚持土地农民集体所有;第二,必须坚持家庭经营在农业中的基础性地位;第三,坚持稳定土地承包关系是维护农民土地承包经营权的根本

资料来源:根据上述作者的相关文献整理所得。

综合以上几种观点,我们可以看出,现阶段理论界对农村基本经营制度的研究存在明显不足,对其内涵的既有解释还停留在对其进行文件解读式的概念说明的层面,尚未触及其实质,没有权威和系统的定义,也未能构建起一个完整的经济学理论分析框架,亟须从学理上进行突破。要从理论上解构中国农村基本经营制度的科学内涵,必须对其包含的三个构成要素——"农地产权制度""农业经营主体""农业经营方式"进行深入解读,并分析其内在之间的紧密联系,以此系统深刻地揭示农村基本经营制度的科学内涵,并为研究我国农村基本经营制度的实现形式提供理论基础和实践指导。

我们认为,农村基本经营制度由农地产权制度、农业经营主体和农业经营方式三大要素构成,对农村基本经营制度的内涵解构也应在这一分析框架下进行。

一方面,农地产权制度是构成农村基本经营制度的基础要素。在农村经济

[①] 中共中央关于推进农村改革发展若干重大问题的决定 [M]. 北京:人民出版社,2008.

制度中，农村土地制度处于核心地位。因为只有在解决了农地这种最重要的生产资料的所有关系的基础上，其他生产关系的创新及探索才具有实质意义。农村土地产权制度就是主要解决农村土地的所有权如何分配、使用权如何配置以及收益如何分配的问题，是农村基本经营制度的核心构成要素。农地产权制度涵盖农村土地产权结构和产权关系的制度安排，是农村土地产权归属、界定及分割的经济法律关系的总和。

另一方面，农业经营制度构成农村基本经营制度的运行要素。农业经营制度以农地产权制度为基础，进一步阐明在农地产权配置之下，农业生产力怎样发展的问题，其基本功能是激励劳动者，提高农业效益。农业经营制度属于农业生产关系范畴，是农地所有制的有效实现方式，其核心是农业劳动者和农业生产资料结合的社会方式，解决的是"谁来经营农业""怎样经营农业"的问题，农业经营制度包括农业经营主体和农业经营方式两大内容。其中，农业经营主体是指对农业生产经营活动进行组织、管理、实施与协调的个人或组织，例如普通农户、专业大户、家庭农场、农民专业合作社、农村集体经济组织、农业龙头企业等；农业经营方式是指经营主体进行农业生产经营活动的具体方式，包括经营主体为对农业各生产要素在不同层次、不同空间进行合理有效配置的生产、经营、分配方式，其目的是使各种潜在的生产能力转化为有效的社会生产力，追求经济效益，提高劳动生产率；不同的农业技术和制度安排，会对应不同的经营主体和经营方式，两者都是构成农村基本经营制度的关键要素。

基于上述理论阐释，农村基本经营制度的定义可以这样表述：在一定社会秩序和宏观经济环境制约下，农业经营主体围绕着土地这一基本生产资料的占有、使用、收益、处分所演化出的各种经济关系的总和，以及以此农地经济关系为基础，实现与其他农业生产资源优化配置的一系列运行、管理、分配和积累制度及与该农业经营方式相适应的组织制度。

2.1.2 农村基本经营制度实现形式的含义与内容

2.1.2.1 农村基本经营制度实现形式的含义

科学理解农村基本经营制度实现形式的含义，首先应从考察其与农村基本经营制度之间的辩证关系入手，涉及社会基本生产关系及其具体形式的问题。

辩证唯物主义认为，事物是内容与形式的统一体，任何事物都有自己的内容与形式。一个事物包含各种构成要素，这些要素的总和表现为内容，这些内容又必然以一定的方式结合起来而构成外在形式。内容是诸构成要素间的本质联系，表现着事物本质的方面，其发展变化直接影响事物的发展变化；外在形式是事物在运动过程中的外在形态和联系方式，是内容的外观，它以外部的表现形式来对内容产生影响。①

社会生产关系及其具体形式正是内在规定与外在形式的统一。从社会生产关系的内在规定来考察，生产资料所有制是区别不同生产关系类型的主要标志；从社会生产关系的外在形式来考察，基本生产关系也通过一系列具体的实现形式表现出来，表现为具体的经济体制安排与机制设计。②

对于农村基本经营制度来说，它的构成要素是农地产权制度、农业经营主体和农业经营方式，三者的总和构成其内容，决定了该制度质的规定性。我国农村基本经营制度以生产资料归集体共同所有、占有和支配关系来反映人与人的关系，体现我国农村生产关系的社会主义本质。

同时，农村基本经营制度在不同的现实运行条件下必然外化为不同的具体实现形式，表现为不同的制度安排、组织形式和经营方式。农村基本经营制度的实现形式，其实就是农村社会生产关系在现实经济的展开过程中必然要采取的外在形式。

因此，农村基本经营制度实现形式可以定义为：以社会主义集体所有制为基础，客观反映和适应社会发展规律要求而形成的一系列产权安排、组织形式和经营方式，或者说是以农地经济关系为基础，农业生产资料与其他农业生产资源在组织、管理、运营及分配这一层面上所表现出来的具体形式。

农村基本经营制度和农村基本经营制度实现形式之间是本质和现象、内容和形式的关系。一方面，农村基本经营制度本质上是生产关系的核心和基础，农村基本经营制度实现形式作为农村基本经营制度本质的展开和表现、应用和拓展，必须服务于农村基本经营制度，不能背离其本质。另一方面，农村基本经营制度实现形式虽然更主要的是制度具体运营过程中的手段与方法，属于体制、机制范畴，但制度、体制、机制是不能割裂的，农村基本经营制度实现形式对农村基本经营制度也具有能动的反作用，影响其存续及盛衰；与农村基本经营制度相适应的实现形式，对农村基本经营制度的巩固、完善和发展具有积极的促进作用；反之，不相适应的实现形式不利于农村基本经营制度的巩固和完善。③

---

① 孙伯良. 公有制实现形式的辩证思考 [J]. 复旦大学学报（社会科学版），1999（7）.
② 谢地. 论社会主义公有制的存在形式、载体形式、实现形式 [J]. 政治经济学评论，2015（11）.
③ 冷兆松. 马克思恩格斯所有制实现形式问题研究的基本方法 [J]. 当代经济研究，2004（12）.

2.1.2.2 农村基本经营制度实现形式的内容

农村基本经营制度实现形式是农业生产关系在现实经济的展开过程中所采取的具体的组织形式和经营方式。在农村基本经营制度的发展过程中，我国党和群众充分发挥其首创精神，在各地实践中逐渐探索出农村基本经营制度的多元化实现形式。

根据农村基本经营制度的三个构成要素——农地产权制度、农业经营主体和农业经营方式，可以将现有农村基本经营制度的实现形式归纳为不同类型，本书重点研究以下 4 种基本类型：分散经营型实现形式、统一服务型实现形式、高度集中型实现形式和合作经营型实现形式。

（1）分散经营型实现形式以土地集体所有、家庭承包为基础，实行家庭分散经营，统一经营方面是以分为主或有分无统，即"土地承包、分散经营、弱统一服务"，这是我国农村地区最为普遍的一种实现形式。

（2）统一服务型实现形式以土地集体所有、家庭承包为前提，以家庭经营为主体，通过龙头企业和农业合作社等农业产业化经营组织提供社会化统一服务，实行"土地承包、分散经营、强统一服务"，代表类型有河北省石家庄市新乐市坚固村、浙江省余姚市临山镇等。

（3）高度集中型实现形式下，土地等生产资料均归村集体成员共同所有，不实行承包经营，没有分田到户，实行"集体所有、集体经营、强统一服务"，代表类型有浙江省宁波市湾底村、江苏省江阴市华西村等。

（4）合作经营型实现形式以土地集体所有为基础，各经营主体采取合作制、股份制、股份合作制等方式的合作与联合，实行"土地共有、合作经营、强统一服务"，代表类型有江苏省泰兴市封家庄村、四川省崇州市等。

我国幅员辽阔，各地区之间地理条件、经济发展水平等差异较大，农村基本经营制度的实现形式也必然形式多样、内容丰富，以上 4 种基本类型为其中相对具有代表性的类型，不完全包括各地实践与创新的所有实现形式。此外，农村基本经营制度实现形式在其演进的过程中还将继续不断丰富，发展出更多适应环境条件和实际情况的类型，这也需要我们在后续的研究中不断对其进行归纳和更新。

2.2 农村基本经营制度实现形式的质的规定性与多样性

在农村基本经营制度实现形式的演变过程中，我们要以联系、辩证的方法看待"巩固"与"完善"、"变"与"不变"的关系，既要有对其本质的把握与坚持，又要有对其外在形式的拓宽与发展。具体而言，就是在农村基本经营制度实现形式的演变过程中，始终体现质规定性及发展多样性的动态统一。

抓住了质规定性要求，农村基本经营制度实现形式的质就会保持相对稳定，并给予制度创新与完善的空间；一旦失去对质规定性的把握，制度的关键节点被突破，创新与完善不在既有框架下运行，农村基本经营制度实现形式的质就会发生根本转变，偏离正确的方向。

抓住了多样性要求，农村基本经营制度实现形式就可以不断拓展，通过多元化农地产权制度、多层次农业经营主体和多形式农业经营方式的创新、整合以及重组，不断涌现新的农村基本经营制度实现形式，以适应持续变化的环境条件，从而实现对农村基本经营制度更高层次的发展。

2.2.1 农村基本经营制度实现形式的质的规定性

农村基本经营制度是内在本质与外在形式的统一体。实现形式作为农村基本经营制度的外在形式，必须服从其内在本质，不能背离其规定性。质的规定性是一个事物本身就必须具有的，是人们认识事物的前提、起点和基础。如果某种事物丧失了它所固有的特殊的质，它与别的事物就无从区别，它就不再是它自己，就会变成别的事物。①

根据农村基本经营制度的三个构成要素，可以得出我国农村基本经营制度实现形式具有以下三个方面的质的规定性。

2.2.1.1 农地产权制度层面的集体所有制规定性

从中国特色社会主义质的规定性来看，农村土地的集体所有制构成我国农村基本经营制度实现形式最为核心的"灵魂"。农村土地制度的核心是农地所有制，所有制是劳动者和土地的关系，表明的是劳动者是否是生产条件的所有者，以何种方式成为所有者。马克思曾指出，无产阶级夺取政权以后，将以政府的身份"一开始就应当促进土地私有制向集体所有制的过渡，让农民自己通过经济的道路来实现这种过渡"②。这一理论指导着中国农村土地制度的变革，是以所有制为逻辑起点的。一方面，在经济学的概念中，所有权概念最能反映国家权力配置状况，土地所有制的属性能够从生产力、生产关系、意识形态等方面体现一个国家的社会性质；另一方面，土地所有制决定了农民与土地结合

---

① 如同共同富裕是社会主义的本质特征，是社会主义不同于其他私有制基础上社会形态的质的规定性，显示的是中国所独有而其他国家不存在的、进而把中国与其他国家相区别的质的规定性。
② 马克思，恩格斯. 马克思恩格斯选集：第2卷［M］. 中共中央马克思恩格斯列宁斯大林著作编译局，编译. 北京：人民出版社，1972：634.

的具体方式和经济绩效。土地所有制可以是私有制，也可以是公有制，公有制还可以采取全民所有制和集体所有制形式。不同的所有制下，劳动者个人利益与土地等生产关系的结合方式不同，在其他生产要素不改变的情况下，产生了不同的土地绩效和利益格局。

我国是社会主义国家，公有制是社会主义生产关系的基础，农地集体所有制是我国社会主义基本经济制度的重要组成部分，是我国农村经营制度有别于世界其他国家和地区农村经营制度的最为本质的特征。无论制度环境如何变化、制度安排如何创新，农村土地制度绝不能削弱，更不能突破社会主义公有制的本质要求。社会主义经济制度的基础，是生产资料的社会主义公有制，土地作为最基本的生产资料，其占有和运用也必须体现社会主义公有制性质。只有坚持农村土地的集体所有，才能保证广大农民群众平等享有基本生产资料，最终实现共同富裕。因此，农地集体所有制是农村基本经营制度的"魂"，必将坚定不移地坚持下去。

从中国特色社会主义实践来看，我国社会经济发展仍需农村土地集体所有制提供制度性保障。从中国的基本国情和现实出发，探讨和重新界定土地对中国经济社会发展的职能和意义，是中国选择何种基本土地产权制度安排的前提和基础。① 我国发展取得了举世瞩目的巨大成就，未来仍处于可以大有作为的重要战略机遇期，同时也面临矛盾叠加、风险隐患增多的严峻挑战。作为基础性制度安排的现有土地产权制度是中国特色经济发展模式的重要支撑，同时也是缓解经济危机失业压力、社会矛盾和冲突的有效缓冲器，是我国构建和平稳定发展环境和条件的重要制度性保证。在社会结构和利益格局深刻变动、社会管理环境深刻变化的新背景下，取消农村土地集体所有、实行土地私有化在中国是更加不可行的。

一方面，土地私有化一定会摧毁农村社会稳定的基石。当前，我国所处的工业化和城镇化阶段决定了二、三产业及城市对农村居民尚不具备足够的就业吸纳能力，农民也尚不具备在城市稳定生活的能力。这样，在农村集体土地所有制下，承包地就具有极其重要的稳定器及蓄水池功能。并且，随着我国产能过剩问题的逐步解决和产业结构的不断优化升级，农民工在较长时期内仍然面临着较大的潜在失业风险，他们仍然离不开土地作为其生存及就业保障的防线。若在此情况下强行实施土地私有化改革方案，势必将引发农村社会的巨大

---

① 杨成林，何自力. 土地职能和土地产权制度选择——中国土地产权私有化有效性质疑 [J]. 经济理论与经济管理，2011 (10).

动荡，造成不可控和不可逆的社会成本。

另一方面，土地私有化一定会引发土地兼并，导致农村社会的两极分化。土地私有化引起的土地兼并与集中只会造成穷人越穷、富人越富，进而加速农村社会的两极分化，引起更大的社会矛盾。此外，土地私有化还会推高地价，增加工业化和城镇化的成本，不利于土地配置效率的提高。因此，任何理论上对农村基本经营制度的重新界定与厘清，以及实践中所进行的制度改革与创新，都不可以突破农地产权制度层面的集体所有制规定性，均须在坚持农村土地集体所有制不动摇的前提下进行。

2.2.1.2 农业经营主体层面的家庭经营的基础性

家庭经营是主要依靠家庭自有劳动、自主经营、自负盈亏的农业经营形式。在农业经营主体层面上，坚持家庭经营为基础的质的规定性，是出于以下原因的考虑。

第一，坚持家庭经营的基础性地位符合尊重客观规律与尊重群众意愿的统一。正如邓小平同志在20世纪60年代所提出的："生产关系究竟以什么形式为最好，恐怕要采取这样一种态度，就是哪种形式在哪个地方能够比较容易、比较快地恢复和发展农业生产，就采取哪种形式；群众愿意采取哪种形式，就应该采取哪种形式。"[①] 我国农村基本经营制度的发展始终坚持家庭经营的基础性地位，既尊重了客观事物的发展进程，又顺从了群众意愿。[②]

一方面，坚持家庭经营的基础性地位符合有利于生产力发展的客观规律。以农地集体所有为前提的家庭经营确立以来，在不同的历史发展时期，都显示出较为显著的经济成效。仅在1979年至1984年间，我国农业生产就接连创出新高，农作物总产值增加了42.23%，其中有46.89%来源于家庭承包责任制改革所带来的效率提高。[③] 虽然我国农业生产经历过一些波动，但总体来看，农业总产值及粮食、棉花、油料等主要农产品的产量增速是十分明显的（如表2-2所示）。可见，家庭承包经营制的实施，使农村社会经济面貌发生了历史性改变。

---

① 邓小平. 邓小平文选：第1卷 [M]. 2版. 中共中央文献编辑委员会, 编辑. 北京：人民出版社, 1994：323.
② 杨承训. 社会主义质的规定性与中国特色社会主义基本经济制度 [J]. 毛泽东邓小平理论研究, 2016（6）.
③ 林毅夫. 制度、技术与中国农业发展 [M]. 上海：格致出版社、上海三联书店、上海人民出版社, 2014：62-65.

表 2—2 1978—2015 年我国农业总产值及主要农产品产量

年份	农业总产值（亿元）	粮食（万吨）	棉花（万吨）	油料（万吨）
1978	1 397.0	30 476.5	216.7	521.8
1980	1 923.0	32 055.5	270.7	769.1
1985	3 619.0	37 910.8	414.7	1 578.4
1990	7 662.0	44 624.0	450.8	1 613.2
1995	20 341.0	46 661.8	476.8	2 250.3
2000	24 916.0	46 217.5	441.7	2 954.8
2005	39 451.0	45 263.7	532.4	2 864.9
2010	69 320.0	54 647.7	596.1	3 230.1
2014	102 226.1	60 702.6	617.8	3 507.4
增长速度（%）	7 217.5	99.2	185.1	572.2

数据来源：笔者根据相关年份《中国统计年鉴》计算所得。

另一方面，坚持家庭经营的基础性地位也符合广大劳动群众的意愿。作为生产力的主体，劳动者往往能在实际中自发地感知到生产关系安排的优劣。家庭承包经营制是中国在生产实践中的伟大创新，符合农民的愿望和要求。课题组调研数据[①]显示，农民对于农村土地实行家庭承包经营制和自主经营的满意度分别高达到 97% 和 98%（如表 2—3 所示）。分别有 89.92%、87.98% 和 89.15% 的农户认为，农村土地实行家庭承包经营制后，对农业发展、农民增收和农村面貌改善帮助很大，几乎没有农户认为家庭经营制度对农业、农村、农民没有帮助（如表 2—4 所示）。可见，农户对家庭承包经营制的认可度和满意度很高，广大农民群体普遍认为实行家庭经营可以加速农业发展、促进农民增收、改善农村整体面貌，坚持家庭经营的基础性地位具有广泛而坚实的群众基础。

---

① 笔者于 2016 年对国内部分农村地区进行了实地调研，共计完成 257 份有效问卷，涉及 858 个家庭成员样本信息，551 名农村劳动力样本信息，340 名从事农业生产的劳动力样本信息。问卷内容涉及家庭成员情况、生产经营情况、土地流转、技术及服务、基本经营制度认同度、新型农业经营主体情况等。

表 2-3　农户对农村土地家庭承包经营制的满意度

家庭承包制满意度	人数	比例
满意	250	97%
不满意	7	3%
自主经营满意度	人数	比例
满意	251	98%
不满意	6	2%

数据来源：笔者根据实地调研数据整理所得。

表 2-4　农户对农村土地家庭承包经营制的认同度

帮助方面	帮助程度	人数	比例
农业发展	大	231	89.92%
	一般	24	9.30%
	小	1	0.39%
	没有	1	0.39%
农民增收	大	226	87.98%
	一般	29	11.24%
	小	2	0.78%
	没有	0	0
农村面貌改善	大	230	89.15%
	一般	25	10.08%
	小	2	0.78%
	没有	0	0

数据来源：笔者根据实地调研数据整理所得。

第二，我国农业生产力水平不高决定了我们必须坚持家庭经营的基础性地位。生产关系必须适应生产力发展的要求是人类社会发展的最基本规律。现阶段我国农业生产力整体发展水平仍然不高，从生产效率、现代装备水平、科技支撑水平来看，农业都是我国现代化建设的"短腿"。尤其是我国农业机械化水平较低，在许多地区仍无法实现农业生产方式由先进机械设备对人畜力传统手工方式的替代，绝大多数农务仍然由劳动者单独作业。家庭经营所具有的独特优越性，不仅能适应当前农业生产力特点，还能克服监督和激励难题，因而仍然是当前农业生产最适宜的组织细胞。因此，在农业发展中要调动劳动者在生产过程中的主观能动性和生产积极性,还必须坚持家庭经营的基础性地位。

第三,我国农民文化素质水平不高决定了我们必须坚持家庭经营的基础性地位。农村生产力的发展要求我们不断创新农业经营方式,通过农民联合与合作来发展统一经营。列宁在论述合作制理论时就已指出,加强对农民的文化教育是提高劳动生产率的重要条件。"完全合作化这一条件本身就包含有农民的文化水平的问题"①,要将农民培养为新型劳动者,"教育、训练和培养出全面发展的和受到全面训练的人,即会做一切工作的人"。②但目前我国农民的文化水平普遍不高,无法达到完全合作化的要求,因此现阶段发展多种形式的联合与合作,仍然应以家庭经营为基础组织形式,进而提高统一经营的程度。

综上,家庭经营是我国农业应该长期坚持的基础经营形式,无论农业经营体制如何改革、制度如何创新,都不应该动摇这一基础。事实上,任何农业经营主体的形成都离不开农户家庭这一基础组织,都必须建立在家庭经营基础之上。普通农户本身就是家庭经营;专业大户和家庭农场属于家庭经营的发展形式,仍然以家庭作为基本的决策单位;农民专业合作社本质上是在家庭经营的基础上,各农户社员为了农业生产中的共同利益组合在一起的经济联合体③;农业企业则要在家庭经营的基础上,通过建立契约和制度,与农户通过土地流转等合作与联合的方式来开展生产和经营。

2.2.1.3 农业经营方式层面的统分结合规定性

早在1990年,邓小平同志就提出了中国社会主义农业的改革发展的"两个飞跃"的理论,他指出:"中国社会主义农业的改革和发展,从长远的观点看,要有两个飞跃。第一个飞跃,是废除人民公社,实行家庭联产承包为主的责任制。这是一个很大的前进,要长期坚持不变。第二个飞跃,是适应科学种田和生产社会化的需要,发展适度规模经营,发展集体经济。"④从实际发展来看,自农村基本经营制度实施以来,发挥家庭经营的优势,极大地解放了我国农村生产力。但是,在人多地少的基本国情下,这一制度也不可避免地造成了农户生产经营分散、规模狭小以及技术水平低等弊端,难以实现现代农业发展所需的规模效应,农业生产成本持续攀升、农业综合效益下降、农业竞争力

---

① 列宁. 列宁全集:第43卷 [M]. 中共中央马克思恩格斯列宁斯大林著作编译局,译. 北京:人民出版社,1987:368.
② 列宁. 列宁全集:第39卷 [M]. 中共中央马克思恩格斯列宁斯大林著作编译局,译. 北京:人民出版社,1986.
③ 屈学书. 家庭农场与其它农业经营组织的比较分析 [J]. 中国农业资源与区划,2016 (5).
④ 邓小平. 邓小平文选:第3卷 [M]. 北京:人民出版社,1993:355.

不足的问题愈加凸显。要扭转这一局面,必须通过统一经营来降低平均生产成本,这既是提高农业竞争力的重要手段、推进农业供给侧结构性改革的着力点,也是实现农业现代化的必然选择。

从制度功能上来说,我们坚持分散经营与统一经营相结合,有其价值必然性:一方面,依赖于产权细分、灵活性与相机决策相结合、农户行为能力提升与监督内部化节省组织成本,"家庭经营"作为"分"以提高生产效率,解决劳动监督、成果计量和激励等问题。另一方面,依赖于组织化合作与社会化服务的保障,"统一经营"作为"统"以在扩大交易规模的同时降低交易费用,获得农业基础设施、生产要素供给和农产品销售的规模经济,提升农业资源的配置效率和市场交易效率。[1] 这种具有互补性和耦合性的双层经营体制在坚持土地等基本生产资料集体所有和必要的统一经营的基础上,赋予农户生产经营自主权,为农户提供服务,从而既保证了家庭承包经营的顺利进行,又能够运用集体的合力和统筹协调能力,提高农业生产的物质技术装备水平,推动农业生产向广度和深度进军,推动现代农业的发展。[2]

2.2.2 农村基本经营制度实现形式的多样性

农村基本经营制度实现形式的多样性是生产力与生产关系矛盾运动的必然结果。生产力不仅决定生产关系的内在本质,而且决定生产关系的具体形式。一方面,我国幅员辽阔,各地区农业生产力水平不一致、发展不平衡,生产力的多层次性必然要求采取与之相适应的产权安排、组织形式和经营方式;另一方面,随着生产力的不断发展,农村基本经营制度的实现形式也会相应演化形成更多元、更高级的形式。

2.2.2.1 农地产权制度,进行的多样性

我国不同地区的农地产权制度安排,应当在坚持集体所有不动摇的前提下,根据当地生产力总体水平、市场经济发展程度及农业相关政策等诸多因素,选择和创新适宜的、多样化的农地产权制度,进行具体安排。

根据不同的历史条件、资源禀赋、生产力水平、产业体系发展及市场竞争状况等因素的综合考量,农村基本经营制度实现形式在发展的过程中,既可以采取集体所有、不承包到户的安排,使土地等生产资料由集体成员共同占有,

---

[1] 李尚蒲. 农村基本经营制度:在稳定的前提下不断完善:"中国农村基本经营制度学术研讨会"综述 [J]. 中国农村经济. 2013 (4).
[2] 张士杰,曹艳. 中国特色现代农业发展中的农村双层经营体制创新 [J]. 马克思主义研究. 2013 (3).

由集体组织代为行使所有权及使用权；也可以采取所有权与承包经营权分离的安排，农民依法拥有财产占有权、收益分配权和部分处置权；还可以采取所有权、承包权、经营权相分离的做法，集体拥有所有权的处置权利、承包农户拥有承包权的财产权利、其他经营主体拥有经营权的收益权利。其中，土地承包权与经营权分离的实现形式还可以发展出多样化形式，如土地股份合作制、家庭农场制、"按户连片"耕种制、农业共营制、土地托管制，等等。

2.2.2.2 农业经营主体的多样性

生产力发展水平及分工协作程度会对农业经营组织的具体形式产生重要影响。不同的农村基本经营制度实现形式应以当地生产力总体水平和生产社会化程度为基础，发展出多元化的农业经营主体和组织形式。

在生产力较不发达的农村地区，物质生产条件较差，生产经营规模较小，农业劳动依然靠手工工具操作，无法采取集体分工劳动方式。这种生产力状况决定了农业劳动的组织安排应采取相对独立的形式，即以农民个体为农务劳动者，以农户家庭为基本组织形式，农业经营者之间采取相对简单的协作关系，由此才能保证劳动者在农村生产过程中的主观能动性和生产积极性，既适应农业生产特点，又解决监督和激励难题。

在生产力较为发达的农村地区，生产社会化随之发展，分工越来越细化，生产日益专业化，农业各生产部门的相互依赖程度日益扩大和加强，生产与社会的关系日益紧密，分散的个体生产日益转变为由社会分工和协作联系起来的大规模社会生产。① 生产的社会化必然要求分散的农业经营组织形式的社会化，促使农户家庭、农业合作社、龙头企业、经营性服务组织等新型农业经营主体的产生，并进一步发展出"农业公司+农户""行业技术协会+农户""农业公司+农业专业合作社+农户"，以及多经营主体联合体的组织形式。

在农村生产力高度发达的地区，现代机械设备齐全、科技支撑能力强大、农业生产效率较高、产品极大丰富，在这样的条件下，可以以联合起来的集体成员作为一个经营主体，以集体组织作为一个生产单位，依靠"自由人联合体"共同、平等地占有生产资料，实现劳动者和生产资料的直接结合。

2.2.2.3 农业经营方式的多样性

中国人多地少的资源禀赋和城乡发展差距较大的国情，决定了"兼容并包"的农业经营方式格局。采取什么样的经营方式更能适应特定条件下特殊生产力的性能、在市场中经营更有效率，都应根据不同的农业发展程度差异化地

---

① 孙韶林. 论生产资料公有制与社会主义本质的关系 [J]. 社会主义研究，2006（3）.

进行选择。

在生产力比较发达的农村地区，集体经营是较为适宜的选择，能够充分发挥集体统一经营的优越性；在生产力不那么发达的地区，可以采取合作经营、企业经营和家庭经营等多种方式；不同的经营方式还可通过经营权流转、股份合作、代耕代种、联耕联种、土地托管等多种形式进行合作与联合，以充分发挥各经营方式在土地、劳动力、技术和资金方面的有利条件。

综上，由于我国各地的自然资源禀赋、经济发展水平、农村社会治理、乡村历史文化的具体条件和农民的需求各不相同，农村基本经营制度实现形式的发展只有具有多样性，才能适应现实生产力的发展要求和社会主义市场经济运行规律，才能真正体现巩固和完善农村基本经营制度的本质要求。

2.3 小　结

农村基本经营制度及其实现形式是经济制度的内在性质与外在形式之间的关系，二者有着密切的内在联系，对其不能割裂、抽象地理解。

本章主要研究农村基本经营制度及其实现形式的基础性理论问题：农村基本经营制度的科学含义是什么？农村基本经营制度及其实现形式之间的关系如何？农村基本经营制度实现形式的定义为何？包括哪些内容？围绕这些问题，本章的内容按以下框架展开。

中国农村基本经营制度包括"农地产权制度""农业经营主体""农业经营方式"三大要素，以此为基础，其定义可以表述为：在一定社会秩序和宏观经济环境制约下，农业经营主体围绕着土地这一基本生产资料的占有、使用、收益、处分所演化出的各种经济关系的总和，以及以此农地经济关系为基础，实现与其他农业生产资源优化配置的一系列运行、管理、分配和积累制度及与该农业经营方式相适应的组织制度。

农村基本经营制度和农村基本经营制度实现形式之间是本质和现象、内容和形式的关系。农村基本经营制度实现形式可以定义为：以社会主义集体所有制为基础，客观反映和适应社会发展规律要求而形成的一系列产权安排、组织形式和经营方式，或者说是以农地经济关系为基础，农业生产资料与其他农业生产资源在组织、管理、运营及分配这一层面上所表现出来的具体形式。根据农村基本经营制度的三个构成要素，可以将现有农村基本经营制度的主要实现形式归纳为四种基本类型：分散经营型实现形式、统一服务型实现形式、高度集中型实现形式和合作经营型实现形式。

在农村基本经营制度实现形式的演变过程中，我们要以联系、辩证的方法看待其"变"与"不变"，既要有对其内涵本质的把握与坚持，又要有对其外在形式的拓宽与发展，即始终体现质规定性及发展多样性的动态统一。

一方面，抓住了"质规定性"要求，即坚持农地产权制度层面的集体所有制规定性、农业经营主体层面的家庭经营的基础性和农业经营方式层面的统分结合规定性，农村基本经营制度实现形式的质就会保持相对稳定，并给予制度创新与完善的空间；一旦失去对质规定性的把握，其发展就会偏离正确的方向。

另一方面，抓住了"多样性"要求，即发展农地产权制度的多样性、农业经营主体的多样性和农业经营方式的多样性，农村基本经营制度实现形式就可以不断拓展，涌现出新的、更适宜的农村基本经营制度实现形式，完成更高层次的发展。

3 农村基本经营制度实现形式的基本类型

我国农村基本经营制度的多元化实现形式是"坚持"和"完善"两者动态统一的最佳体现。这些多元实现形式既能保留和坚持农村基本经营制度的内在本质，又能完成对农村基本经营制度的不断创新和完善。本章将着重探讨我国农村基本经营制度实现形式的制度内容、主要特征及运行机制等问题，构建起一个探究我国农村基本经营制度不同实现形式的形成机理的理论分析框架。

3.1 农村基本经营制度实现形式的基本类型

农村基本经营制度的实现形式是广大人民群众的伟大创造，是为了适应各地的具体情况应运而生的。虽然各地对农村基本经营制度的探索与创新存在多种实践模式，各个层面上的具体操作方式及安排更是不尽相同，但根据对农村基本经营制度的三个构成要素——农地产权制度、农业经营主体和农业经营方式的基本分类和总结，我们可以将农村基本经营制度的多元化实现形式概括为四种基本类型，即分散经营型、统一服务型、高度集中型和合作经营型，它们的制度内容及其特征各不相同。

3.1.1 分散经营型实现形式的制度内容

分散经营型实现形式仍以土地集体所有、家庭承包为基础，实行家庭分散经营，统一经营方面是以分为主或有分无统，即"土地承包、分散经营、弱统一服务"。这是我国农村地区最为普遍的一种实现形式。

农地产权制度层面，实行家庭承包经营制，即在农地集体所有的前提下，采取按人分地、按户承包的方式。由于土地是农民最基本的生产资料，为了体现公平、减少矛盾，大多数地区主要采取了按人头把土地分给农户的"均田制"，即将土地按优劣分级之后，把每一等级的耕地都在村民之间平均分配，以保证同一集体组织内部的每一户农民家庭都拥有本村各个等级的土地①，体现了成员平等。

农业经营主体层面，以农户家庭为主要生产经营单位，各自都是独立的经济实体，具有较大的经营自主权，激励约束机制直接有效，监督管理成本低。农业经营主体结构比较简单，各自分散经营，分散决策，较少有共同的、集体的生产经营活动，主体之间的社会关联度低，相互之间的利益链接也比较松散。②

农业经营方式层面，实行家庭承包经营之后，集体经济、合作经济的逐渐削弱，农户的个体经营占据主导和主体地位，集体经济组织逐渐退出农业生产活动，经营活动逐渐向非农产业转移，"统"的功能随着农户经营的多元化发展而呈现递减态势，转变为农业社会化服务，主要负责组织农民进行农田水利建设和向农民提供一些生产服务等。

【案例1】分散经营型实现形式——山东省威海市荣成市人和镇宋家庄村

山东省威海市荣成市人和镇宋家庄村实行的是分散经营型实现形式，也是当前中国绝大部分农村采取的形式。在这样的村庄，农业经营主体是小规模自耕农，几乎没有土地流转，即使有，也是亲戚邻里之间的口头代耕协议，90%以上农户的经营规模低于4亩地。

在集体统一经营层面缺失的条件下，农户家庭实行分散小规模经营，平均耕种1.78亩土地，种植结构高度相似，均为玉米、小麦、花生，农产品销售情况也无太大差别，皆为小麦与花生大部分自留、玉米90%出售。表明农民的行为逻辑仍是生存理性，即以安全第一为原则，而不是追求效益的合理化和利益的最大化。③ 农业生产方面，玉米的产量约为956斤/亩，平均产值约为724元/亩；小麦产量约为949斤/亩，平均产值约为1048元/亩；花生平均产值约为1223元/亩。在这样的种植结构和经营方式下，农户家庭的年务农毛收入平均为4397元左右；扣除生产成本，不计劳动力投入，务农利润仅为2662元/年。从收入上讲，这样的水平只能满足一个普通农民家庭的口粮需求，现金收入不足，离小康有相当距离。

---

① 孔祥智，刘同山. 论我国农村基本经营制度：历史、挑战与选择 [J]. 政治经济学评论，2013 (10).
② 冯道杰. 改革开放以来集体化与分散型村庄发展比较研究 [D]. 济南：山东大学，2016.
③ 郭兴海，张卫丹. 浅析农户对子女教育投入的行为影响分析：以哈尔滨市周边6个农村为例 [J]. 中国集体经济，2011 (13).

显然，如果仅靠务农收入，农户家庭会比较贫困，因此，家庭兼业几乎是必然的。这就构成了宋家庄村基本的家庭结构类型：通常为五口之家，父辈在村里务农，负责照顾孙辈，子女则在城市务工。由于宋家庄村为平原沙质土壤，农机使用十分便利，农户家庭普遍租用小型农机进行耕、耙、播、运、抽水等作业，对劳动力强度要求不高，因此，壮年夫妻一年在外务工的时间通常在8~11个月。

从村集体经济的财产状况来看，宋家庄村村民的收入基本只能维持日常开支。从集体财产构成形式上看，在补助收入方面，2016年，宋家庄村获上级补助收入5.5万元，用于办公经费、管护资金、工资补贴等支出；在资产方面，村级现有总资产150万元，净资产100万元，这些主要是土地、房屋等不动产和公共设施（农田水利、科教文卫体等）等非经营性资产；在收益方面，村全年经营性收入约为45万元，主要来自集体土地及厂房租赁收入，利润部分以25％的比例按户口分配给农民。从总体看来，村集体财产状况不佳，集体财产形式比较单一，集体经济发展明显滞后。

3.1.2 统一服务型实现形式的制度内容

统一服务型实现形式以土地集体所有、家庭承包为前提，以家庭经营为主体，通过龙头企业和农业合作社等农业产业化经营组织提供社会化统一服务，实行"土地承包、分散经营、强统一服务"。代表类型有河北省石家庄市新乐市坚固村、浙江省余姚市临山镇等。

统一服务型实现形式的本质是对农村土地的分散经营，对生产服务的统一经营，其统一经营的对象主要不是农村土地而是为农户家庭提供生产服务。

农地产权制度层面，实行"土地承包"，即在农地集体所有的前提下，土地仍然实行承包到户。"分散经营"是指农户家庭具有较大的经营自主权，可以根据自身条件和意愿自由选择加入当地各类合作经济组织，可以将承包土地流转到其他经营主体手中，也可以仍由自己经营土地，只选择一部分环节参与合作。在家庭分散经营的基础上，普遍有农业专业合作社、农业企业、家庭农场等新型农业经营主体的介入，与普通农户进行产品、服务上的合作，实行"强统一服务"。

农业经营主体层面，主要是传统农户和新型农业经营主体，他们在生产经营各环节上进行合作与联合。他们之间的利益联结模式主要是通过契约来联结的，这种经营形式也可以称为"农业产业化经营"或者"订单农业""契约化农业"。

农业经营方式层面，采取分散经营和统一经营相结合的方式。这里的统一经营可以是农业产业化经营组织通过流转农地、形成生产基地而进行的统一经营，也可以是为分散经营提供统一服务而形成的统一经营。统一服务型实现形式主要有以下三种基本形式和延伸形式。

一是"农业公司＋农户"。农业公司发挥"龙头"带动作用，组织农户家庭分工生产农产品，并负责农产品的加工、运输和销售，引导农民有序进入市场。在这种形式下，农户家庭是生产单位，农业企业是经营者，负责加工经营，同时向农户提供一些产前和产中的服务，如农业生产资料采购、农业技术服务；加入联合体的农户按照契约标准及规定生产，农业企业按照协议收购、加工、销售农产品。① 该形式有利于实现专业化分工，在促进生产力发展的同时保证农民收入。该形式的组织运行框架相对容易，但存在一定的利益调节障碍。

二是"行业技术协会＋农户"。这种组织形式多出现在生产行业，通过现代化农业科技示范区、科技园区等方式将农民组织起来，在实行范围内推广科技示范、培训、开发和创新为一体的经营模式，在技术上对农户进行指导示范培训，进行标准化规模生产经营，同时提供市场信息服务、统一销售，以促进农业的发展和农民收入的增加。

三是"农业专业合作社＋农户"。这种组织形式是适应市场经济的需要而产生的，合作社可以以一个村为单位兴办也可以跨区域联办；也可由龙头企业牵头联办，也可由个人牵头领办；还可以充分集合设施、技术、人才和资金等各种资源要素，将同类农产品的生产经营者联合组织在一起，农民入社自愿、退社自由，交纳股金，利益联结。这种组织形式与土地股份合作社或社区股份合作社不同，农户的土地不进行折价入股；加入农业专业合作社后，农户家庭的生产经营自主权依然较高。② 农业专业合作社通常以其组织成员为主要服务对象，提供农业生产资料的购买渠道、农业生产经营的技术及信息等服务，以及农产品的销售、加工、运输、贮藏等市场交易服务。③

---

① 宗寒. 促进城乡一体化，应壮大集体经济实力 [J]. 红旗文稿，2012（24）.
② 陈超儒，杨玉华，王楠，等. 成都市新型农村集体经济的规范与发展研究 [J]. 农村经济，2010（12）.
③ 韩松. 论农村集体经济内涵的法律界定 [J]. 暨南学报（哲学社会科学版），2011（5）.

【案例2】统一服务型实现形式——浙江省宁波市余姚市临山镇兰海村

浙江省余姚市临山镇兰海村是统一服务型实现形式的典范，其特点是集体所有、家庭承包、统一服务。兰海村的面积为2.38平方公里，全村总人口2 784人，常住农户849户，总耕地面积2 470亩。兰海村是有名的葡萄种植村，2014年，该村人均纯收入达2.1万元，其中葡萄收入占比超过65%。

自20世纪80年代以来，兰海村村民就开始从事葡萄种植活动，只不过在刚起步时主要实行大户经营。随着葡萄种植面积和农户数量的不断增加，为了引领全村葡萄种植业发展，兰海村从村民手中流转土地100亩，成立了兰海村葡萄示范基地。2003年6月，应种植户需求，成立了余姚市临山镇味香园葡萄专业合作社，并注册"味香园"商标。

合作社建立之后，又以之为依托相继设立了余姚市葡萄专业技术协会、余姚市味香园葡萄研究所、宁波市国外葡萄引进中心、余姚市临山镇农民合作经济组织联合会。十几年来，合作社根据市场需求，不断提升葡萄品质，引进新的葡萄品种，实现了区域化种植、规模化经营、技术化培育与市场无公害接轨的良好产业格局。合作社对社员实行了统一技术—分户种植，统一包装（商标）—分户标识，统一供应—生产农资，统一质量—精益生产的"四个统一"管理模式，从而使味香园成为宁波市最大的精品葡萄生产基地。

自此，临山镇的葡萄产业发展得到了一系列的提升，所带来的变化不仅是种植面积的扩大，还有亩产的增加和经济效益的提升。种植面积方面，兰海村的葡萄种植面积现已发展至3 800亩，仍由农户经营，合作社提供统一管理和服务（如农资购买指导、田间技术指导、耕种机械、生产资金服务，以及统一品牌、统一标准、统一质检、统一销售推广等服务），还带动周边村镇共12 000亩耕地发展葡萄种植；品种方面，从单一品种发展到30多个品种；技术设施方面，从露天栽培发展到套袋、避雨棚，改进到当前单膜、双膜、三膜温室大棚；经营效益方面，通过引进早、中、晚熟品种结合温室大棚栽培设施，销售时间从1个月延长至4个月，大大提高了种植户的经济效益；由每亩5 000公斤实现产值3 000元发展到每亩1 500公斤实现产值25 000元，实现了质的提升；产业发展方面，从农户在批发市场分散售卖到统一商标、统一包装后由消费者订购，农户足不出户即可实现全部销售，实现了农业新业态的发展。

除此之外，合作社也承担起了一定的社会职能，如进行农业技术推广，每月组织培训1次，聘请国家级、省级农产品种植领域专家授课指导；成立味香园葡萄合作社妇女之家、味香园女子铜管乐队、味香园气排球队等组织，丰富村民的文化娱乐活动。

3.1.3 高度集中型实现形式的制度内容

高度集中型实现形式下,土地等生产资料均归村集体成员共同所有,不实行承包经营,没有分田到户,实行"集体所有、集体经营、强统一服务"。

在农地产权制度层面,实行"集体所有"。这里的"集体所有"是指生产资料的高度集体化,即土地及村办企业等均归村集体经济组织成员共同所有,所有权和经营权未分离,由集体经济组织统一经营管理。

在农业经营主体层面,实行"集体经营",即社区集体(经济)组织对集体土地及企业的统一占有、经营管理与收益分配。集体成员在集体组织的管理下,与集体所有的生产资料相结合进行农业经营活动,体现为联合起来的劳动者的协作生产和集体劳动。在这种形式下,只需要一部分集体成员作为劳动者或管理者参与土地经营活动,大多数农民则不再作为集体土地的经营主体,可以自由地转移到非农行业实现就业。集体统一经营的重心是集体土地的经营行为,而不是对集体成员劳动的直接占有。①

在农业经营方式层面,实行"强统一服务"。由于农地由集体经济组织统一所有,并且直接进行农业生产经营,经营收益也主要留存在集体组织内部,较强的经济实力和较大的经营规模也可以更好地进行统一规划和"集中力量办大事"。同时,也能更好地提供统一服务。如果由集体投入资金、统一管理,更好地进行服务性经济活动,能够有效提升为集体成员服务的水平,如统一购买良种、化肥,集体提供水利服务和农业机械服务。

【案例3】高度集中型实现形式——浙江省宁波市鄞州区湾底村

湾底村地处宁波市鄞州区,距市中心5公里,在册户数400户,户籍人口1 080人,8个自然村,耕地面积1 260亩。30多年来,为彻底扭转贫困面貌,村支书吴祖楣带领村民艰苦创业、共同致富,把一个有名的落后村建成了人人羡慕的"亿元村"。2016年底,湾底村经营性净资产达到7.8亿元,村级可用资金3 000万元、2015年分红1 200万元,人均分红达到1.1万元。

他们的主要做法之一是始终如一地走集体发展之路。20世纪90年代,村办企业、乡镇集体企业转制成为热潮,当时的湾底村党支部经过反复研究后认为,集体企业照样能发展,共同富裕照样能实现。为此,时任村党支部书记的

---

① 祝之舟. 论农村集体土地统一经营的制度实践与立法完善〔J〕. 南京农业大学学报(社会科学版),2012(4).

吴祖楣与村党组织班子一起顶住压力，不但没有将村办企业转制，还以村集体名义购买了4家乡办企业，为日后村集体企业的快速发展壮大打下了扎实的基础。为走好集体发展、共同致富路，第一轮土地承包期满后，未进行第二轮土地承包，而是将村民的土地流转回村，由村集体统一经营。

二是因地制宜走特色发展路。湾底村充分发挥其区位优势，不断完善产业结构，从制造业、蔬果业、旅游餐饮业、教育服务业、银行金融业等多方面入手发展集体经济。工业方面，由7家集体企业组建了天宫实业有限公司，工业产品种类多、销路广。农业及旅游业方面，1998年将村民的土地集中流转到村集体手中，成立农业开发公司，采取规模化、集体经营的模式种植果蔬园，并形成农业深加工产业格局。同时，成立天宫庄园休闲旅游有限公司，逐步打造生态植物园、"天宫城堡"等一系列"近郊型"休闲项目。

在大力发展经济、壮大集体实力的基础上，湾底村不断提高村民的收益分配水平、社会保障水平和公共服务水平，让村民共享发展成果，持续提升村民的获得感。

收入水平方面，村民除了工资收入，每年还可以从村集体经济收益中获得分红。在居住水平上，从2002年起湾底村先后投入1.8亿元进行旧村改造和新村建设，村民人均住房面积达到70平方米以上。

公共服务方面，村里建成了党员服务中心、社区卫生服务站、图书馆等配套设施，全村绿化覆盖率达到82.5%。此外，还建有500平方米的文化礼堂和近600米的"党建文化长廊"，打造红色主题文化。同时，积极开展"周日文化""义乡鄞州"等活动，使社会公德和家庭美德融入日常生活。

社会保障方面，2006年，村里为符合年龄条件的村民办理农村失地农民养老保险、医疗保险和财产保险。此外，村里还建立了困难村民补助制度、本村村民子弟考入大学奖励制度等一系列社会保障配套制度，真正实现了"住有所居、学有所教、病有所医、老有所养"。

3.1.4 合作经营型实现形式的制度内容

合作经营型实现形式以土地集体所有为基础，各经营主体采取合作制、股份制、股份合作制等方式的合作与联合，实行"土地共有、合作经营、强统一服务"。

在农地产权层面，实行"土地共有"。即实行联合起来的劳动者共有制，成员个人所有与集体共有相结合①，集体成员与集体按股分享集体资产的实际所有权，土地共有的方式可以是股份制、合作制、股份合作制等。其中，较为常见的是股份合作制。股份合作制带有合作制的特点也带有股份制的特点，该形式以劳动者的劳动联合和资本联合为主，生产资料归集体所有，但是共同占有、共同使用、民主管理。在股份合作制中，集体土地在共同所有的基础上，产权结构发生了调整：第一，农户的承包权和成员权转化为对集体资产的占有股权；第二，农地的使用权由集体收归，进行统一生产经营和管理；第三，集体成员与集体共同占有集体资产收益，以各自占有股份获取相应股权分红；第四，农村股份合作组织具有集体资产的占有权、经营权、使用权、收益分配权、部分收益权及股份处置权。②

在农业经营主体层面，实行多主体合作经营，即实行多种财产组织形式、多种联合方式、多种经营方式。在合作经营型的实现形式中，强调成员合作，"共同出资"的主体既可以是集体经济组织成员以土地入股，也可以是留存的村级集体资产作为统一股参股合作社，同时还可以是个人或其他单位投资入股。由于各方主体通过股份合作的形式将分散的生产要素集中到一起，从而"共同经营"的主体既可以是股份合作社成员的联合，也可以是职业经理人，抑或是其他企业和单位，实行统一经营、分工合作，各类农业经营主体共同劳动、共同出资、共享收益、共担风险，形成利益共同体。

在农业经营方式层面，实行统一合作经营和"强统一服务"。在合作经营型实现形式中，分工经营的特征使得经营主体普遍具有较强的意愿和能力提供较强的农业社会化服务，能够通过自主服务或购买服务的方式向社员统一提供产前生产资料、产中生产技术和产后销售加工等服务。只要农户有需要，合作组织就既能提供服务，又能配备培养专业技术指导人员，这样的统一服务具有明显的优越性③，如能够实行专业化生产、提高技术水平、保证产品质量、降低平均成本和增加农民收入等。

【案例4】合作经营型实现形式——江苏省泰兴市黄桥镇封家庄村

封家庄村地处江苏省泰兴市黄桥镇东北部，距市中心5公里，在册户数926户，户籍人口3107人，17个村民小组，总面积2.03平方公里，耕地面积

---

① 谭扬芳，程恩富. 蒙德拉贡合作经济模式的经验及其启示［J］. 中国集体经济，2012（34）.
② 郭强. 中国农村集体产权的形成、演变与发展展望［J］. 现代经济探讨，2014（4）.
③ 宗寒. 进一步发展社会主义集体所有制的几个问题［J］. 毛泽东邓小平理论研究，2013（2）.

3 048亩。为推进集体经济发展，增加村民收入，村集体组织及成员经过讨论后一致决定，要在盘活土地资源、集体存量资产上下功夫，组建土地股份合作社，通过土地经营权作价，集体资产、资源、资金等共同入股强化责任，风险共担。具体做法如下：

第一，将土地入股。测量集体和入股农户的土地，其中，农户入股766亩，村集体入股土地面积164亩，共930亩。经作价评估，将土地经营权按照0.7万元/股作价，共计651万元，折930股。

第二，进行股权设置。农村土地股份合作社的股权中，个人股以户为单位，按1994年人口分田清册为依据，按亩折算股份，入股的土地面积以该户申请入股的实际面积为准；村集体经济组织现金出资100万元，折143股；集体实物作价199万元，折284股。入股期间不超过集体土地承包期的剩余期限。

第三，构建土地经营机制。土地由合作社统一规划和开发，交由专业组织或职业经理人负责生产经营。明确规定土地经营的组织方式、土地用途、种植管理的期限、种植土地的价款及支付方式（包括基本收入和超产部分的核算方法）。

第四，设定经营收益分配机制。土地经营获得的收益，实行保底分配，每半年一次，其中，合作社集体提留29%，分配给当地贫困户2%，社员依据所持有股份参与剩余69%盈利的分红。在管理制度方面，成立股东代表大会、理事会、监事会和经理人的组织机构，强化组织，接受监督，明确责任。

合作经营型实现形式以土地集体所有为基础，以农户家庭为主体，农业职业经理人、土地股份合作社、农业服务组织等多元主体共同经营，形成了"集体所有、多元经营、社会服务"的新型农业经营体系。在这样的实现形式下，土地的使用效率及经济效益得到充分提高，现代生产力要素有效聚集，形成了共营共享的利益分享机制，充分发挥了集体经济组织及其成员的积极性，有利于增加农民经济收入，保护农民长远利益。

3.2 农村基本经营制度实现形式的评价体系

根据各地不同的历史条件、资源禀赋、生产力水平和社会治理等具体情况，广大人民群众探索和创新出了农村基本经营制度的多种实现形式。这些实现形式在实践模式、操作方式和具体安排上都存在着差异，不同的制度安排隐含着不同的激励与约束机制,诱导着不同的经济行为,从而导致不同的制度效应。[①] 对不同农村基本经营制度实现形式的效应进行评价,一方面可以深入挖掘某种实现形式的优势和弊端,从而明确和加深对该种实现形式的全面认知;另一方面可以通过对比各种实现形式的制度效应,进一步明确不同实现形式将来的发展方向和应予完善的内容。因此,建立起一套农村基本经营制度实现形式的效应评价体系十分必要。

农村基本经营制度实现形式的探索与创新对于推动农业现代化进程、促进农民持续增收、解决农村发展问题的意义重大。因此,本书首先将农村基本经营制度实现形式的效应评价体系分解为农业、农民、农村三个子系统,并针对这三个子系统提出可量化的具体指标。具体指标的选取遵循效率与公平这两大基本衡量标准。

一方面,效率标准的实质是生产力标准,它是衡量农村基本经营制度实现形式效应的根本标准。农村基本经营制度实现形式的变迁应是一种高效率制度替代低效率制度的过程,通过这一过程实现经济绩效的优化和主体收益的最大化。本书将以农业生产效应和农民收入效应中的增收效率作为评判不同农村基本经营制度实现形式的效率标准。

另一方面,公平标准是衡量农村基本经营制度实现形式效应的社会标准。农村居民的整体福利增进、生活条件改善和农村社会的稳定发展是全面建成小康社会的重要内容,本书将以农民收入效应中的公平程度和农村社会效应作为评判不同农村基本经营制度实现形式的公平标准。

综上,农村基本经营制度实现形式的效应评价体系包括农业生产效应、农民收入效应及农村社会效应三个子系统,通过这三个子系统考察农业、农民、农村问题的不同方面,从而对不同农村基本经营制度实现形式的效率实现程度、公平实现程度和效率与公平的结合程度进行基本的评判。

3.2.1 农业生产效应及其评价

农业问题极具重要性。一方面,农业是经济发展的基础产业。农业对经济社会的支撑能力决定着社会分工的深化程度和扩展广度。在我国,农业为工业化和城镇化进程做出了突出的贡献;多年来农业的稳定发展,也是我国经济免于遭受全球经济危机强烈冲击的重要保障。另一方面,农业更是战略性产业。农业生产满足的是人类基本的生存需要,同时又是第二产业和第三产业的基

[①] 李克强. 小城镇可持续发展中的公共产品供给问题研究 [J]. 中央财经大学学报,2004 (8).

础，因此农业问题从来不是一个单纯的经济问题，而是一个重大的战略问题。我国是一个人口大国，粮食事关国运民生，粮食安全是维系社会稳定的"压舱石"，是国家安全的重要基础。

因此，农业作为国民经济的第一产业，是基础性的生产部门，是实现国家强大的重要支撑，承担着重要的不可替代的作用。从当前农业的发展来看，农业仍然是国民经济中最为薄弱的环节。虽然近年来我国更加重视农业效益与农业质量，但是我国的农业发展仍面临着多方面的挑战，如前文所分析的农产品国际市场压力增大、生产成本上升、农业资源消耗大、生态环境压力加剧和物质投入效益降低等情况。因此，农村基本经营制度的实现形式是否有利于保障国家粮食安全和重要农产品有效供给，能否实现提升农业质量、效益和竞争力等目标，就成为考察其制度效应的重要内容。农业生产效应也就构成了农村基本经营制度实现形式效应评价体系的三大子系统之一。

农业生产效应内涵丰富，主要包括以下三个方面的内容：第一，产品结构是否优化。一方面，有效供给得到增强，无效供给基本消除，低端供给减少，高端供给拓展；另一方面，农产品质量和食品安全水平得以提升。大宗农产品做到优质安全，其他农产品具备特色优势，能满足消费者个性化和高质量的需求。第二，生产方式是否先进。即传统的技术路径得到调整，落后的经营结构得以改变，节本增效、优质安全、资源节约、环境友好的生产方式得到大力发展，包括资本、劳动、土地在内的全要素生产率得以综合提高。第三，产业体系是否完整。一方面是区域布局优化，表现为资源要素优化重组，农业功能拓展，生产向优势区聚集；另一方面是产业结构升级，表现为农村新业态发展，一、二、三产业融合，农业"全环节升级、全链条升值"。[①]

但要对农业生产效应做出全面和准确的评价，则必须考虑数据的可获得性及指标的可量化程度。具体来说，对农业生产方式的考察相对容易，可以通过测算土地生产率、劳动力生产率和全要素生产率等指标进行评定，相关数据也较易获得。对农业产品结构的考察则相对困难，如何判定低端与高端的区别、如何界定不同农产品的质量等级和特色优势等问题都存在一定难度。对农业产业体系的考察，也必须解决整体区域数据较难获得、一、二、三产业融合程度较难判定等问题。因此，本书对于农业生产效应的实证研究暂时集中在对农业生产方式的考察上，通过测算不同农村基本经营制度实现形式的农业生产全要

---

① 本刊记者，中央一号文件，怎么看怎么干——中央农村工作领导小组副组长、办公室主任唐仁健，中央农村工作领导小组办公室副主任韩俊答记者问［J］．农村工作通讯，2017（3）．

素生产率来反映技术进步、专业化、组织创新等对农业生产效率的影响；不同农村基本经营制度实现形式对农业产品结构和产业体系的影响，则通过书中相关定性分析来展现。

要实现对不同农村基本经营制度实现形式的农业生产效率的实证考察，首先应明确农业生产效率包括土地生产率、劳动力生产率、全要素生产率等多种类型。土地生产效率和劳动力生产效率都属于单要素生产效率，不涉及要素之间的替代关系，但若要真实反映生产过程中的要素综合使用效率，则需要考察全要素生产率。农业生产全要素生产率是指扣除要素投入增长部分带来的增长贡献，是由技术进步、专业化、组织创新等带来的生产效率增加。①

一般来说，全要素生产率的测算方法主要有索罗余值法（Solow Residuals Accounting，SRA）、随机前沿分析法（Stochastic Frontier Approach，SFA）和数据包络分析法（Data Envelopment Analysis，DEA）。

运用传统模型对中国农业全要素生产率进行分析研究开展得较早（McMillan et al.，1989；Wen，1993；杨明洪，1998；赵芝俊、张社梅，2006），但在传统模型下，每个决策单元被假定为具有完全技术效率，全要素生产率被等同于计算索罗余值得出的技术进步，无法考虑无效率的情况，而现实中确实存在因为技术推广不足而导致效率损失的现象。

随后，部分学者逐渐开始运用SFA模型来研究农业生产率问题。如全炯振（2009）运用SFA-Malmquist生产率指数模型，测算了中国各省份及东、中、西部的农业全要素生产率变化指数。② 石慧、孟令杰等（2008）使用面板数据的随机前沿生产函数方法，测算了我国28个省级地区1985年至2005年的农业全要素生产率，并进行了分解。③ 另外，卡利安等（Kalirajan et al，1996）、亢霞和刘秀梅（2005）、陈等（Chen et al，2009）、余康和郭萍等（2011）、秦臻和倪艳（2012）、匡远凤（2012）及刘莉、张文爱（2017）都运用SFA模型，从不同角度测算了农业全要素生产率。此外，还有学者结合运用指数方法研究了我国农业生产情况，如陈卫平（2006），石慧、王怀明（2008）和赵文、程杰（2011）等。

---

① 张建，诸培新. 不同农地流转模式对农业生产效率的影响分析——以江苏省四县为例［J］. 资源科学，2017（4）.
② 全炯振. 中国农业全要素生产率增长的实证分析：1978－2007年：基于随机前沿分析（SFA）方法［J］. 中国农村经济，2009（9）.
③ 石慧，孟令杰，王怀明. 中国农业生产率的地区差距及波动性研究——基于随机前沿生产函数的分析［J］. 经济科学，2008（3）.

但指数方法需要价格信息①，SFA 方法则需要利用生产函数来构造生产前沿面，可能存在具体函数设定上的主观偏差。数据包络分析法通过计算决策单元与线性规划方法确定最优前沿面之间的差距估算效率，克服了参数方法需要考虑生产函数形式的缺点。② DEA 方法可以处理多投入、多产出的情况，同时 DEA 方法不受投入产出量纲影响，且不需要预先赋予权重而被广泛应用于各个领域。③ 因此，数据包络分析法是进行效率测算的较为准确与理想的分析方法，也是本书采取的研究方法。

3.2.2 农民收入效应及其评价

农民问题极具重要性。一方面，农民是我国人口的重要组成部分。尽管随着城镇化进程的不断推进，部分农民逐渐摆脱了其对农业、农村的依赖，但中国仍有 6 亿农民，仍是中国人口的重要组成部分。大量农民进城务工后，虽然基本上获得了生活保障，但多数只能从事较为低端的工作，未实现真正意义上的市民化，农民同时也是弱势的大多数。另一方面，农民致富是全面脱贫的攻坚重点。全面小康是全体中国人民的小康，不能有人掉队。因此，处理好农民问题是打赢脱贫攻坚战、全面建成小康社会的重点。

能否保持农民收入的持续增长，是解决农民问题的关键所在。现阶段，农民增收的传统动力不断减弱，新的动力却无法跟上，农民增收的压力越来越大。农村基本经营制度的实现形式能否在不断的改革与创新之中寻找到新的增长点，是否有利于提升比较效益和开拓增收空间，也成为考察其制度效应的重要内容，因而"农民收入效应"就构成农村基本经营制度实现形式效应评价体系的三大子系统之一。

衡量农村基本经营制度实现形式的农民收入效应应该从两个方面入手，一是绝对水平，二是公平程度。一方面，绝对水平表明当地农民收入的绝对数，一定程度上反映了不同农村基本经营制度实现形式的增收效果。另一方面，对农村居民收入差距的公平性考察也十分重要。关于收入差距测度的指标和方法，主要有以下几种。

一是库兹涅茨比率。如吴殿廷、宋金平等（2003）运用库兹涅茨比率分析

---

① 王兵，杨华，朱宁. 中国各省份农业效率和全要素生产率增长：基于 SBM 方向性距离函数的实证分析 [J]. 南方经济，2011（10）.
② 王琴，陈建丽，杨莉. 规模经营能否提升农业全要素生产率——基于新疆地方和生产建设兵团视角 [J]. 求索，2016（9）.
③ 岳书敬，刘朝明. 人力资本与区域全要素生产率分析 [J]. 经济研究，2006（4）.

了导致中国区域差异变化的直接原因①；王慧、孙晋芳等（2014）运用库兹涅茨比率对山东省1995—2012年县域经济差异的时间演变趋势和空间格局分异特征进行了定量分析。②库兹涅茨比率计算简便，适用于对两个群体内的收入差距进行比较。但由于它对最高收入和最低收入家庭组赋予的权重较大，中间收入家庭组的权重较小，计算结果和实际收入差距之间往往有相当大的差异。

二是洛伦兹曲线及其变种形式。洛伦兹曲线模型主要用于从分组数据出发构造收入分配的统计分布，是收入分配理论与应用中极为重要的模型。③如王祖祥、范传强等（2009）运用洛伦兹曲线模型，使用纯收入分组数据，对2000—2006年湖北省农村的收入不平等、贫困、两极分化进行了测算④；陈飞、卢建词（2014）则通过定义一簇新的洛伦兹曲线，构造起我国农村家庭收入的分布密度函数，修正了"贫困—增长—不平等"的减贫效应分解方法。⑤在运用洛伦兹曲线表现居民收入分配差距时，其弯曲度能够直接地表现出各阶层收入分配平等或不平等的状况。但是，其缺点在于无法用一个确切的数值来量化这种收入分配间的差别。⑥

三是基尼系数。在诸多度量收入差距的指标中，基尼系数使用最为广泛。如程永宏（2007）在计算全国总体基尼系数的基础上，将总体基尼系数分解为组间和组内差距，并重新定义了一个城乡差距指标⑦；段景辉、陈建宝（2010）则应用分布函数法对全国、各省以及东、中、西部地区的城镇基尼系数、农村基尼系数和城乡混合基尼系数进行了测算，并进行了城乡分解⑧；杨耀武、杨澄宇（2015）在对纽约交换所银行资金调拨系统（CHIPS）微观家户数据调整的基础上，使用基尼系数计算方法对中国居民收入基尼系数进行了

---

① 吴殿廷，宋金平，梁进社，等. 库兹涅茨比率的分解及其在我国地区差异分析中的应用 [J]. 地理科学，2003（4）.
② 王慧，孙晋芳，余静. 山东省县域经济时空分异演化特征研究 [J]. 地域研究与开发，2014（5）.
③ 张改素，王发曾，康珈瑜，等. 长江经济带县域城乡收入差距的空间格局及其影响因素 [J]. 经济地理，2017（4）.
④ 王祖祥，范传强，何耀，等. 农村贫困与极化问题研究：以湖北省为例 [J]. 中国社会科学，2009（6）.
⑤ 陈飞，卢建词. 收入增长与分配结构扭曲的农村减贫效应研究 [J]. 经济研究，2014（2）.
⑥ 张景鸣，孟凡军，孙昭慧. 居民收入分配差距测度方法研究综述 [J]. 统计科学与实践，2011（6）.
⑦ 程永宏. 改革以来全国总体基尼系数的演变及其城乡分解 [J]. 中国社会科学，2007（4）.
⑧ 段景辉，陈建宝. 基于家庭收入分布的地区基尼系数的测算及其城乡分解 [J]. 世界经济，2010（1）.

点估计，并构造了相应的基尼系数置信区间。① 基尼系数具备许多优点②，如数值可量化、计算方法成熟、具有普适性和可比性等。但在运用基尼系数时也应小心谨慎，因为它不能反映个别阶层的收入分配情况，它对低收入阶层的收入比重的变化反应比较迟钝，地区与群体间的基尼系数数值相同，也并不能代表其收入分配情况一致。③

四是泰尔指数。泰尔指数在一定程度上克服了基尼系数的不足，它具有完全相加可分解性（Additive Decomposability），可用作群体分割分析。万广华（2013）根据泰尔指数分析了我国城乡内部不均等的组内贡献和城乡差距的组间贡献，并以此为基础构建了城镇化与不均等之间的理论关系。龙海明、凌炼等（2015）则利用泰尔指数定量分析了我国东、中、西部地区城乡收入差距的区域差异，并将我国泰尔指数序列分解成共同因子及区域特质因子序列。④ 但同时也应注意，泰尔指数的计算十分烦琐，其计算结果受样本数量的影响很大。

本书对农民收入效应的评价将从三个方面进行：第一，通过运用统计分析的方法，得到不同农村基本经营制度实现形式对当地农民收入总体水平的增进程度；第二，通过测算洛伦兹曲线和基尼系数这两个指标⑤，得到不同农村基本经营制度实现形式下的农民收入差距情况；第三，通过考察农村居民对当地收入差距的心理感受，得到不同农村基本经营制度实现形式下农民对贫富差距的主观评价。

3.2.3 农村社会效应及其评价

农村问题极具重要性。首先，农村地域广阔，它的发展事关整个社会。农村经济不发展，就没有全社会的经济发展；农村生态环境被破坏，全社会的生态文明就被摧毁。其次，中国传统文化的根基在农村。乡村是礼仪的发源地，是传统伦理的根基，也是中华农耕文明的发源地。如果乡村在无形中消失，乡

---

① 杨耀武，杨澄宇. 中国基尼系数是否真地下降了？——基于微观数据的基尼系数区间估计 [J]. 经济研究，2015（3）.
② A. Sen. On Economic Inequality [M]. Oxford：Clarendon Press，1997.
③ 黄泰岩，王检贵. 居民收入差距测量指标体系的选择 [J]. 当代经济研究，2000（9）.
④ 龙海明，凌炼，谭聪杰，王志鹏. 城乡收入差距的区域差异性研究——基于我国区域数据的实证分析 [J]. 金融研究，2015（3）.
⑤ 基尼系数比较适合测量群体内收入差距，但需结合洛伦兹曲线进行考察。洛伦兹曲线有利于作收入差距的分层分析，并能直观地显示居民收入分布的集中和离散程度。本书暂不涉及进一步分析收入差距的构成，因此未用泰尔指数进行分解。

村所代表的生活方式和价值观被完整置换，我们也就失去了文化传承的根基。最后，解决社会问题及矛盾的关键在于农村。事关人民福祉和社会和谐的一系列重大民生问题，如贫困问题、基本公共服务均等化、基础设施建设、城乡要素平等交换和公共资源均衡配置等，其着力点和突破点都在于农村。解决了农村问题，逐步消除城乡二元结构，才能实现社会经济资源的合理有效配置，也才能在这个基础之上实现城乡一体化发展。

当前，农村还是全面建成小康社会的短板，其发展中依然存在不少问题。农村基本经营制度的实现形式能否有效提升农民的幸福指数和获得感，是否有利于农村和谐社会的构建以及农村经济社会的可持续发展，就成为考察其制度效应的重要内容，因而"农村社会效应"也构成农村基本经营制度实现形式效应评价体系的三大子系统之一。

准确定量地衡量农村社会效应首先应明确其丰富内涵，它既包括物质生活水平的提高和精神生活的丰富，也包括生活环境和卫生条件的改善、人的素质提高和全面发展等内容。传统的定量研究以功利主义福利思想的"效用"理论为基础①，以国内生产总值（GDP）作为社会福利指数的尺度。国内生产总值虽能部分反映出社会经济层面的福利，却无法揭示政治、生态、文化等其他子系统的福利。20世纪70年代初，托宾等（1972）提出了"经济福利尺度"（MEW）的概念，萨缪尔森（1973）相继提出了"净经济福利"（NEW）指标来衡量社会福利指数。但这两个指标的核算口径狭窄而模糊，且其对社会福利的衡量也并不全面。

为了克服上述研究的局限性，阿马蒂亚·森（Amartya Sen，1995）以其社会选择理论为基础，对阿特金森（Atkinson，1970）提出的测算模型进行了改进，提出了相应的福利指数。克拉克和伊斯兰（Clarke & Islam，2003）则提出将社会偏好归入成本—收益分析中得到最优福利水平，但这一福利指标的实际度量过程较为复杂，测算难度大。②

总的来看，以阿马蒂亚·森的可行能力理论为价值判断标准建立多维的评价因素指标体系，能够更加全面而深刻地理解、衡量社会福利，本书将以此为基础对不同农村基本经营制度实现形式下的农村社会福利效应进行测算和分析。

---

① 周义，李梦玄. 考虑不平等因素的农村福利指数构造及实测［J］. 中国人口·资源与环境，2013 (6).
② 余谦，高萍. 中国农村社会福利指数的构造及实测分析［J］. 中国农村经济，2011 (7).

3.2.4 调查方法及数据来源

笔者于 2016 年 6 月至 2017 年 12 月在全国各省市进行了以"农村基本经营制度实现形式研究"为主题的实地调研，调研形式为咨询、走访、座谈与问卷相结合，调研区域涉及东、中、西部各地区的不同省市及乡镇。笔者采取分层随机抽样的调查方法，按照省、市、县、镇、村的关系依次分层，按照农村基本经营制度实现形式的四种基本类型的分布状况，选择了四川省、河南省、河北省、山东省、江苏省、浙江省 6 个省份的 27 个村庄进行实地走访（每种实现形式至少走访 5 个村，每个村随机抽取 30 户农户），组织调研人员对农户家庭进行问卷访谈，访谈过程中对问卷内容反复询问，以确保问卷内容的真实有效。

问卷调查的内容包括 4 个部分：一是被调查者的个人与家庭基本信息，二是被调查者家庭的土地经营及流转情况，三是被调查者对农村社会问题的判断和认同态度情况，四是被调查村庄的集体经济组织发展情况。问卷形式包括填空、单选、多选和李克特量表。

本次调查共计完成问卷 743 份，剔除数据不完整和不满足本书分析要求的样本后，最终得到有效样本问卷 720 份，调查样本分布如表 3-1 所示。在调研的实现形式中，包含分散经营型实现形式 178 份、统一服务型实现形式 199 份、合作经营型实现形式 175 份、高度集中型实现形式 168 份。

表 3-1 调查样本分布状况

省份	城市	乡镇数	有效调查样本数
浙江省	余姚市	2 个	59 份
	宁波市	2 个	51 份
江苏省	镇江市	2 个	62 份
	泰州市	2 个	72 份
山东省	威海市	2 个	91 份
河北省	石家庄市	4 个	118 份
河南省	濮阳市	2 个	61 份
	漯河市	3 个	83 份
四川省	成都市	2 个	66 份
	广安市	2 个	57 份
合计	10 座	23 个	720 份

本次调查涉及 720 户农户家庭，2 702 个家庭成员样本信息，1 816 名农村劳动力样本信息，747 名从事农业生产的劳动力样本信息。表 3-2 是问卷调查样本个体特征统计，从性别比例看，被调查家庭男女性别比例基本持平，男性比例略高，约占总样本的 51.2%；从年龄分布看，被调查家庭主要由中老年人构成，50 岁及以上的人占总样本的 40% 左右；就受教育程度而言，样本农户总体文化素质不高，其中小学及以下文化的样本农户占比达到 34.3%，大专及以上文化的样本农户为 13.1%；从就业情况看，除 39 户无劳动力的被访家庭外，有 51.7% 的样本农户家庭的非农就业劳动力比例在 65% 以上；从家庭收入状况看，58.4% 的家庭纯收入在 4 万元以下，纯收入 4 万元至 10 万元的农户家庭占 29%，10 万元以上的占 12.6%。

表 3-2　问卷调查样本个体及其家庭基本特征

样本特征		频数	比例
性别	男	1 384	51.22%
	女	1 318	48.78%
年龄	20 岁及以下	420	15.54%
	21 岁~30 岁	386	14.29%
	31 岁~40 岁	411	15.21%
	41 岁~50 岁	398	14.73%
	51 岁~60 岁	474	17.54%
	61 岁及以上	613	22.69%
受教育程度	小学及以下	927	34.31%
	初中	900	33.31%
	高中	520	19.25%
	大专及以上	355	13.14%
劳动力非农就业比例	≤30%	152	22.32%
	30%~65%	177	25.99%
	≥65%	352	51.69%
	无劳动力户数	39	—

续表3-2

样本特征		频数	比例
家庭收入	2万元及以下	282	39.17%
	2万元~4万元	139	19.31%
	4万元~6万元	108	15.00%
	6万元~8万元	59	8.19%
	8万元~10万元	41	5.69%
	10万元以上	91	12.64%

数据来源：根据笔者实地调研数据整理所得。

综上，本书将以2016年6月至2017年12月对720户农户的问卷调查数据为基础，构建起包括农业生产效应、农民收入效应和农村社会效应在内的综合指标评价体系，运用DEA模型、洛伦兹曲线、基尼系数、模糊综合评判法等多种方法，对农村基本经营制度实现形式的制度效应进行实证分析，并通过纵向与横向的比较与归纳，最终得出基本评价。

3.3 小 结

我国农村基本经营制度的实现形式是广大人民群众的伟大创造，是为了适应各地具体情况应运而生的。不同地区农村基本经营制度实现形式的实践模式及具体安排各不相同，在今后的演进过程中还将继续不断丰富。

本章主要研究农村基本经营制度实现形式的总体分析框架，包括农村基本经营制度的实现形式有哪些类型、具体制度安排如何、各自有什么特征，对于农村基本经营制度实现形式的不同效应，应当如何进行比较与评价。围绕这些问题，本章的内容按以下框架展开。

农村基本经营制度实现形式的基本类型有分散经营型、统一服务型、高度集中型和合作经营型。分散经营型实现形式实行"土地承包、分散经营、弱统一服务"，是我国农村地区最为普遍的一种实现形式。该实现形式下家庭经营的自主性强、经营规模普遍偏小、分散化程度高、商品化率和市场化程度低。统一服务型实现形式实行"土地承包、分散经营、强统一服务"。该实现形式的效率导向型特征明显，具备多元性和开放性，经营主体间的利益联结主要依靠契约。高度集中型实现形式实行"集体所有、集体经营、强统一服务"。该实现形式普遍实行以按劳分配为主的分配制度，建立了较高的社会福利制度，坚持走中国特色农业现代化道路，沿袭了浓郁的集体主义精神与农村传统道德。合作经营型实现形式实行"土地共有、合作经营、强统一服务"。该实现形式下，生产要素的集中形式比较多元化，产权更明晰、利益更紧密，分配制度灵活，组织机构去行政化。

对农村基本经营制度实现形式的基本类型进行学理分析后，以实地调查为基础，构建起一套农村基本经营制度实现形式的效应评价体系十分必要，该评价体系包括以下3个子系统。

对农业生产效应的评价。该子系统注重对农业生产方式的考察，农业全要素生产率的测算方法有索罗余值法、随机前沿法、数据包络分析法等多种方法，根据对上述方法的对比分析、结合本书的研究要求，最终采用较为成熟的DEA方法进行效率测算。

对农民收入效应的评价。该子系统注重农村基本经营制度实现形式对当地农民收入的增加和公平程度的提升进行考察。其中，群体内收入差距测度的主要指标和方法包括库兹涅茨比率、洛伦茨曲线及其变种形式、基尼系数、泰尔指数等，根据数据的可获得性和计算结果的可对比性，本书采取洛伦兹曲线和基尼系数相结合的方式对收入公平程度进行测度，同时，考察当地农民对贫富差距的主观评价。

对农村社会效应的评价。该子系统注重对农村经济、政治、文化、社会、生态方面的综合考察。通过对比功利主义福利思想的"效用"理论、社会选择理论和净社会福利函数等理论与指标，本书以阿马蒂亚·森的可行能力理论为基准建立多维评价指标体系，进行较全面、更深刻地衡量农村社会福利效应的测算和分析。

4 农村基本经营制度实现形式的农业生产效应评价

本章将通过运用三阶段 DEA 模型，剔除因不同环境、随机因素可能造成的差异，构建一个投入产出与环境变量指标的评价体系，并考察不同农村基本经营制度实现形式的农业生产效率。

4.1 研究方法的选择

在农业全要素生产率的测算方法中，数据包络分析法是进行效率测算较为准确与理想的分析方法。但不同的学者在研究农业生产率时，对 DEA 模型的选择及数据的处理有所不同。

4.1.1 DEA 模型相关研究

DEA 方法是利用样本间的线性联合来构造生产前沿面，测度各决策单元（DMU）的相对有效性，并通过测算各无效决策单元偏离前沿面的程度，探寻各无效决策单元的优化空间。[1] 该方法首先由运筹学家沙尔内、库珀和罗得（Charnes，Cooper and Rhodes，1978）提出，他们在法雷尔（Farrell，1957）研究理念的基础上，发展出一个基于规模报酬不变（CRS）的 DEA 模型来测算决策单元的综合技术效率，即 CCR-DEA 模型。然而在现实中，并不是每一决策单元都拥有固定规模报酬，因此，班克、查尔斯和库珀（Banker，Charles and Cooper，1984）则基于规模报酬可变（VRS）的假设，将综合技术效率分解为纯技术效率和规模效率，即 BCC-DEA 模型，该方法有助于揭示决策单元无效的原因。

国内学者运用 CCR 模型和 BCC 模型进行效率测算的成果较为丰富。如曾

---

[1] 单玉红，朱枫，刘梦娇. 湖北省县际种植业生产要素调控对策研究——基于三阶段 DEA 模型 [J]. 资源科学，2017（2）.

先峰、李国平（2008）用 DEA 方法估算了我国 28 个省份 1980—2005 年的农业生产率，并分析其变化趋势、地域差异性与增长源泉。① 李谷成（2009）用 DEA 方法对 1988—2006 年中国区域农业全要素生产率增长进行估计和测算，通过将其分解为技术进步、纯技术效率变化和规模效率变化三部分，来寻找农业生产率增长的源泉。② 吕文广、陈绍俭（2010）利用欠发达地区 1978—2008 年的农业年度数据，通过 DEA 方法和马尔姆奎斯特（Malmquist）生产率指数方法，对欠发达地区农业生产效率过低的原因进行了分析。③

现有文献对我国农业生产效率的分析广泛而深入，它们对本书的研究具有重要的借鉴意义。然而，传统 CCR 模型、BCC 模型把每个决策单元设置于无差别的外部环境下，因此，外部环境较差的决策单元到生产前沿面的真实距离被拉伸，造成各 DMU 的效率表现偏差；而三阶段 DEA 模型能较好地修正外生环境变量对效率评估的偏差，更准确地表达生产要素结构不合理性的效率值。④

因此，本书将运用三阶段 DEA 模型来剔除环境因素、随机因素的干扰，构建投入产出与环境变量指标的评价体系，更为准确地描述不同农村基本经营制度实现形式之间的农业生产效率差异；同时分析造成不同实现形式农业生产效率差异的主要影响因素，为下一步制度创新的研究提供可靠的依据。

4.1.2 三阶段 DEA 模型构建

三阶段 DEA 模型最初由弗里德（Fried.，2002）提出，该模型能够去除非经营因素（外部环境与随机误差）对效率的影响，因此，估计的效率值能更真实地表达 DMU 的内部管理水平。⑤ 本书选取规模报酬可变的产出导向型 DEA-BCC 模型。具体的模型构建和运用包括 3 个阶段。

4.1.2.1 第一阶段：传统的 DEA 模型（BCC 模型）

传统的 DEA 模型，即 BCC 模型用来处理"规模报酬可变"假设下的决策

---

① 曾先峰，李国平. 我国各地区的农业生产率与收敛：1980—2005 [J]. 数量经济技术经济研究，2008（5）.

② 李谷成. 人力资本与中国区域农业全要素生产率增长：基于 DEA 视角的实证分析 [J]. 财经研究，2009（8）.

③ 吕文广，陈绍俭. 我国欠发达地区农业生产技术效率的实证分析：采用 DEA 方法和 MALMQUIST 指数方法测度 [J]. 审计与经济研究，2010（5）.

④ 单玉红，朱枫，刘梦娇. 湖北省县际种植业生产要素调控对策研究——基于三阶段 DEA 模型 [J]. 资源科学，2017（2）.

⑤ 郭军华，倪明，李帮义. 基于三阶段 DEA 模型的农业生产效率研究 [J]. 数量经济技术经济研究，2010（12）.

单元有效性问题。假定有 n 个决策单元，农业投入变量为 m 项、产出变量为 s 项，则决策单元 DMU_0 的农业生产技术集合可表示为 $T=\{(x, y) \mid x \in \mathbf{R}^{m+}; y \in \mathbf{R}^{s+}\}$，即 x 可以生产出 y，其中 $x=(x_1, x_2, x_3, \cdots, x_m) \in \mathbf{R}^{m+}$，$y=(y_1, y_2, y_3, \cdots, y_s) \in \mathbf{R}^{s+}$。对于任一决策单元 DMU_0，投入导向下对偶形式的 BCC 模型可表示为[1]

$$\min_{\theta\lambda}[\theta - \varepsilon(e^t s^- + e^t s^+)]$$

$$\text{s.t.} \sum_{i=1}^{n} \lambda_i y_{ir} - s^+ = y_{0r}$$

$$\sum_{i=1}^{n} \lambda_i x_{ij} + s^- = \theta x_{0j} \quad (4-1)$$

$$\sum_{i=1}^{n} \lambda_i = 1 \quad \lambda_i \geqslant 0 \quad s^+ \geqslant 0 \quad s^- \geqslant 0$$

式中，$i=1, 2, \cdots, n$；$j=1, 2, \cdots, m$；$r=1, 2, \cdots, s$。x_{ij}（$j=1, 2, \cdots, m$）为投入要素，y_{ir}（$r=1, \cdots, s$）为产出要素，θ（$0<\theta\leqslant 1$）为决策单元 DMU_0 的有效值。若 $\theta=1$，且 $s^+=s^-=0$，则决策单元 DEA 有效；若 $\theta=1$，且 $s^+\neq 0$，或 $s^-\neq 0$ 时，则决策单元为弱 DEA 有效；若 $\theta<1$，则决策单元非 DEA 有效。[2] 技术效率值（Technical Efficiency，TE）可进一步被分解成规模效率（Scale Efficiency，SE）与纯技术效率（Pure Technical Efficiency，PTE）的乘积，即技术效率＝规模效率×纯技术效率（TE＝SE×PTE）。

4.1.2.2 第二阶段：SFA 法的投入产出调整

弗里德等（2002）认为，第一阶段的效率值可能是在环境因素、随机因素和管理因素影响下得到的，无法真实反映造成低效的原因。因此，需要构建相似 SFA 模型分离环境因素和随机因素，得到仅由管理无效率造成的 DMU 投入冗余[3]，提高估计信度。假定有 p 个可观测的环境变量，对各决策单元的投入松弛变量进行 SFA 分析，则有

$$s_{ik} = f^i(z_k; \beta^i) + v_{ik} + u_{ik} \quad (4-2)$$

---

[1] 刘子飞，王昌海. 有机农业生产效率的三阶段 DEA 分析——以陕西洋县为例[J]. 中国人口·资源与环境，2015（7）.

[2] 邓波，张学军，郭军华. 基于三阶段 DEA 模型的区域生态效率研究[J]. 中国软科学，2011（1）.

[3] 郭军华，倪明，李帮义. 基于三阶段 DEA 模型的农业生产效率研究[J]. 数量经济技术经济研究，2010（12）.

式中，$i=1,2,\cdots,m$，表示第i项投入；$k=1,2,\cdots,n$，表示第k个决策单元；s_{ik}表示第k个决策单元第i项投入的松弛变量；$z_k=(z_{1k},z_{2k},\cdots,z_{pk})$表示$p$个可观测的环境变量，$\beta^i$为环境变量的待估参数，$f^i(z_k;\beta^i)$表示环境变量对投入差额值$s_{ik}$的影响；$v_{ik}$与$u_{ik}$相互独立，$v_{ik}$为随机干扰项，并假定其服从正态分布；$u_{ik}$表示管理无效率的随机变量，假设$u_{ik}\sim N^+(u^i,\sigma_{ui}^2)$。$\gamma=\dfrac{\sigma_{ui}^2}{\sigma_{ui}^2+\sigma_{vi}^2}$为技术无效率方差与总方差的比值，该比值的大小表示受管理因素或随机因素影响的程度。当γ接近1时，管理无效率是主要原因；当γ接近0时，随机误差是主要原因。

然后，根据回归结果调整各决策单元的投入量，具体的调整方法是，基于运气最差、生产环境最恶劣投入量不变的前提下，增加其他决策单元（DMU）的投入量，公式为

$$\hat{x}_{ik}=x_{ik}[\max_k\{z_k\hat{\beta}^k\}-z_k\hat{\beta}^i]+[\max_k\{\hat{v}_{ik}\}-\hat{v}_{ik}] \quad (4-3)$$

式中，$i=1,2,\cdots,m$；$k=1,2,\cdots,n$；x_{ik}为第k个决策单元第i项投入的实际值，$\hat{x}_{ik}$为调整值；$\hat{\beta}_i$、$\hat{v}_{ik}$分别为环境变量和随机干扰项的估计值。

4.1.2.3 第三阶段：调整后的DEA模型

将调整后的投入数据$\hat{x}_{ik}$代替原始投入数据x_{ik}，产出数据y_{ik}保持不变，再次代入BCC模型测算效率值，此时的结果就剔除了环境变量和随机变量的影响。

4.1.3 变量选取

4.1.3.1 投入产出指标的选取

本书将从事农业生产经营的农户家庭作为决策单元（DUM）参与测算不同农村基本经营制度实现形式下的农业全要素生产率。首先，要建立投入与产出指标体系，经过和多位专家的讨论，结合已有研究成果的指标选取情况，本书选取各决策单元2016年的农业总产值作为产出指标，农业生产投入指标则选取劳动力投入、土地投入和农业资本投入。农业投入产出数据来自笔者2016—2017年的问卷调查数据。

劳动力投入指农业劳动力人数。因为对劳动力投入进行质量调整的难度较大，所以本书将选取农户家庭中从事农业的人员作为劳动力投入变量。由于存在兼业情况，故采用"全年务农时间（月）/12"所得数值来衡量农业劳动力投入量。

土地投入以农作物总播种面积为代表。由于存在土地复种、耕地重复利用

的情形,我们采用农作物总播种面积而非耕地面积作为土地投入变量。农作物总播种面积数据由问卷调查中的各类农作物播种面积相加得出。

农业资本投入指农业生产中投入的物质费用总价值。由于农业机械总动力、化肥施用量等指标难以统一为同一变量,所以本书以农业生产中投入的种子、化肥、农药、机械等各种农用物资的资金成本作为资本投入变量。

此外,为避免投入与产出间产生反向关系或无关系,需要对投入量和产出量是否符合"同向性"原则进行检验,笔者采用皮尔逊(Pearson)双侧相关性检验法。利用该方法对两个变量进行相关分析,结果显示(见表4-1)不同投入量与产出量的相关系数均为正,且均能通过1%水平下的显著检验,说明变量之间符合"同向性"原则。

表4-1 农业投入与产出变量之间的皮尔逊相关系数

农业产出	农业投入		
	劳动力投入	土地投入	农业资本投入
农业总产值	0.534*** (0.000)	0.843*** (0.000)	0.995*** (0.000)

注:***表示在1%显著性水平上显著,圆括号中的数据为检验的P值。

4.1.3.2 环境变量的选取

对于环境变量的选取应符合两个原则:第一,该环境因素确实会对农业生产产生影响;第二,该环境因素不是样本主观可控的。[①] 同时,结合数据的可获得性,我们选取农业生产的经济环境因素、政府的政策支持因素、人力资源因素等作为环境指标。

(1)对于经济环境因素,我们从农民收入水平和城镇化水平两方面进行衡量。农民的收入水平在一定程度上决定着其农业投入的能力,一般而言,收入越高投入的能力与质量也越高,有利于提升农业生产效率。"人多地少"是我国土地资源面临的基本国情,城镇化水平越高,农业人口向非农产业转移的规模越大,从这一角度上讲,城镇化的推进有利于农业生产要素配置的合理化,有利于农业生产效率的提高。本书将选取农村居民家庭人均纯收入作为农民收入水平的衡量指标。从数据的可获得性来讲,城镇化水平的指标则由务工劳动力占农村劳动力的比重来衡量,该比重能够在较大程度上反映城镇化对农业农村的影响。理论预期农民收入水平和城镇化水平的提高与农业生产效率呈正

---

① 贺志亮,刘成玉. 我国农业生产效率及效率影响因素研究:基于三阶段DEA模型的实证分析[J]. 农村经济,2015(6).

比，与投入变量松弛变量呈反比。

（2）对于政府的政策支持因素，我们考虑到其中的财政政策能够体现地方政府对农业基础设施、农业科技推广等在内的公共协调能力，财政支农资金的增长对激发农业生产积极性、提高农业生产效率有正向作用，因此，选取各地财政涉农专项资金（包括农业技术推广经费、小型农田水利设施建设补助资金以及良种、农机、综合补贴等各项农业财政补助）来衡量政府对农业支持的政策，预期财政支农资金的增长将提高农业生产效率。

（3）对于人力资源因素，我们考虑到人力资本的形成不仅有利于提升农业劳动力的知识技能水平与创造性，还有利于提高其经济决策效率，增加农业产出[①]，因此，选用农业劳动力平均受教育年限作为衡量指标，参考康蕴英等（2007）的权重设置，我们得到平均受教育年限（Edu）的计算公式为

$$Edu = (P_1 \times 5 + P_2 \times 8 + P_3 \times 11 + P_4 \times 14.5)/P$$

式中，P_i 表示不同文化层次的人数，$i=1,2,3,4$ 分别表示小学及以下、初中、高中、大专及以上的文化程度，不同的文化程度对应的受教育年限分别为 5 年、8 年、11 年和 14.5 年，P 则表示农业劳动力总人数。

4.2 实证结果分析

4.2.1 第一阶段传统 DEA 模型的实证结果

运用 DEAP2.1 软件对农村基本经营制度实现形式的农业生产效率水平进行分析，结果（见表 4-2）显示，如果不考虑环境变量和随机因素的影响，2016 年不同农村基本经营制度实现形式的农业生产技术效率平均值为 0.441，纯技术效率均值为 0.663，规模效率均值为 0.664。但如前文所述，第一阶段的结果未剔除环境因素和随机因素，并不代表各实现形式农业生产效率的真实值，因此，需要构建 SFA 模型，并做更进一步的调整。

表 4-2 农村基本经营制度实现形式的农业生产技术效率、纯技术效率及规模效率值

实现形式	TE1	PTE1	SE1
分散经营型	0.180	0.575	0.313

---

① 李然，冯中朝. 环境效应和随机误差的农户家庭经营技术效率分析：基于三阶段 DEA 模型和我国农户的微观数据 [J]. 财经研究，2009（9）.

续表4-2

实现形式	TE1	PTE1	SE1
统一服务型	0.448	0.568	0.789
合作经营型	0.560	0.657	0.852
高度集中型	0.836	0.903	0.926
平均值	0.441	0.663	0.664

注：TE1、PTE1、SE1分别表示第一阶段的综合技术效率、纯技术效率和规模效率。

4.2.2 第二阶段SFA模型的回归结果

将4个环境变量作为自变量，将第一阶段所得投入松弛变量作因变量，运用Frontier 4.1软件计算SFA回归结果（表4-3）。根据SFA的对数似然函数值（Log likelihood）和似然比检验（LR test），可知估计效果良好。选取的4个环境变量对3种投入松弛变量的系数基本都能通过显著性检验，且在1%的检验水平上显著，这表明外部环境因素对各实现形式下的农业生产投入冗余的影响较大。劳动力、土地和农业资本投入松弛变量的 γ 值均为0.999，在1%的检验水平上显著，这表明管理无效率项是前沿生产函数误差的主要原因，SFA方法的剥离分析是恰当且必要的。

表4-3 第二阶段SFA回归结果

松弛变量	实际经营土地面积	务农劳动力	农业资本投入
常数项	0.124E+05*** (0.124E+05)	642.716*** (642.516)	0.599E+08*** (0.599E+08)
财政涉农资金	6.188*** (8.613)	0.445*** (6.249)	0.127E+06*** (0.151E+05)
农民家庭人均纯收入	0.348*** (8.451)	−0.023*** (−5.235)	−0.741E+04*** (−27.273)
城镇化水平	−107.348*** (−88.041)	−3.372*** (−6.686)	0.131E+06*** (0.820E+05)
受教育年限	−1024.056*** (−1019.558)	−16.442*** (−16.072)	−0.105E+07*** (−0.103E+07)
对数似然函数值	0.423E+06*** (0.423E+06)	240.762*** (240.718)	0.470E+14*** (0.470E+14)
单侧误差对数似然比检验	0.999*** (0.278E+05)	0.999*** (0.204E+04)	0.999*** (0.463E+03)

续表4—3

松弛变量	实际经营土地面积	务农劳动力	农业资本投入
对数似然函数值	−27.469	−12.989	−64.025
单侧误差对数似然比检验	8.108	7.181	9.098

注：**、***分别表示在5%、1%显著性水平上显著，括号中的数据为相应估计的 t 统计量。

接着，分析环境变量对各投入松弛变量的系数的影响。如果回归系数是负数，说明环境变量值的增加有利于减少投入变量的浪费，即对于减少投入松弛量有利；如果回归系数是正数，说明环境变量的增加会造成投入变量的浪费，即不利于减少投入松弛量。各环境变量的具体影响如下。

（1）农村居民家庭人均纯收入。实证结果显示，农村居民家庭人均纯收入对劳动力及农业机械、化肥等资本投入松弛变量的估计系数均为负，这与理论预期相符。该变量对土地投入松弛变量的影响为正，原因在于农村居民家庭人均纯收入增加时，会促使其扩大土地经营规模，过度增加土地投入松弛变量。

（2）城镇化水平。城镇化水平对土地及劳动力投入松弛变量的回归系数为负值，且 t 值均在1%的水平下显著，说明城镇化进程的推进可以促进土地及劳动力资源的有效配置，这与理论预期一致。但该变量对农业资本投入松弛变量的影响为正，原因在于当城镇化水平较高时，农村青壮年劳动力转移到城镇及第二、第三产业就业，为了保证农业产出，农户往往采取加大农用化肥、农用机械等农业资本投入的手段，从而导致农业资本投入要素松弛变量的增加。

（3）财政涉农资金。与理论预期不一致的是，财政涉农资金变量对土地、劳动力、农业资本投入松弛变量的估计系数均为正，且在1%的水平下显著。这说明提高财政涉农支出会增加投入松弛量，原因在于惠农政策的实施会增加农户的利好预期，鼓励农民增加投入，但过程中可能会导致生产要素的粗放利用。该结果也在一定程度上反映了我国财政涉农资金的运用效率较低，未能对农业生产效率产生应有的影响。

（4）农村人口平均受教育年限。该变量对土地、劳动力、农业资本投入松弛变量的回归系数均为负，且均在1%的水平下显著。这说明农民受教育年限有利于农业生产效率的提高，高素质农民能够应用现代农业技术，减少各种投入的浪费，实现农业增产增收，与理论预期一致。

4.2.3 第三阶段投入调整后的 DEA 模型实证结果

将上一阶段得出的待估参数代入公式（4-3）进行调整，剔除环境因素和随机因素的干扰，然后将经过调整的投入项和原产出项代入 BCC 模型，即可获得各决策单元调整后的效率值（见表 4-4）。

表 4-4 第三阶段农村基本经营制度实现形式农业生产技术效率、纯技术效率及规模效率值

实现形式	TE3	PTE3	SE3
分散经营型	0.259	0.610	0.425
统一服务型	0.512	0.605	0.846
合作经营型	0.579	0.634	0.913
高度集中型	0.617	0.748	0.825
平均值	0.467	0.647	0.721

注：TE3 表示第三阶段生产技术效率，PTE3 表示第三阶段纯技术效率，SE3 为第三阶段规模效率，TE3＝PTE3×SE3。

进一步对比图 4-1、图 4-2 及图 4-3 可知，在剔除环境因素与随机因素的干扰后，农村基本经营制度实现形式的平均 TE 值从 0.441 提升至 0.467，平均 PTE 值从 0.663 降低至 0.647，平均 SE 值则从 0.664 提高到 0.721。可见，我国农业生产效率总体上仍然较低，主要制约因素是受纯技术效率的限制。

从各实现形式分别来看，各类型第三阶段与第一阶段的农业生产效率值都有差异。由图 4-1 可知，分散经营、统一服务、合作经营 3 种实现类型的生产技术效率均有所提高。其中，合作经营型实现形式是因为规模效率的上升导致生产技术效率的整体上升，分散经营型和统一服务型实现形式生产技术效率的增长来自纯技术效率和规模效率的共同增长。而高度集中型实现形式的生产技术效率从 0.836 的水平较大幅度地降低至 0.617，主要原因在于其纯技术效率和规模效率均有不同程度的下降，表明高度集中型实现形式下农业生产的高效率与其所处的有利环境相关。

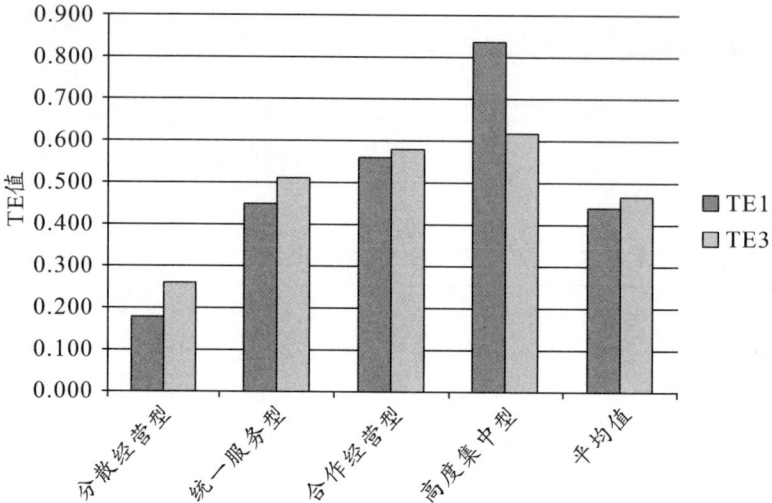

图 4-1 第一、第三阶段农村基本经营制度实现形式的农业生产技术效率

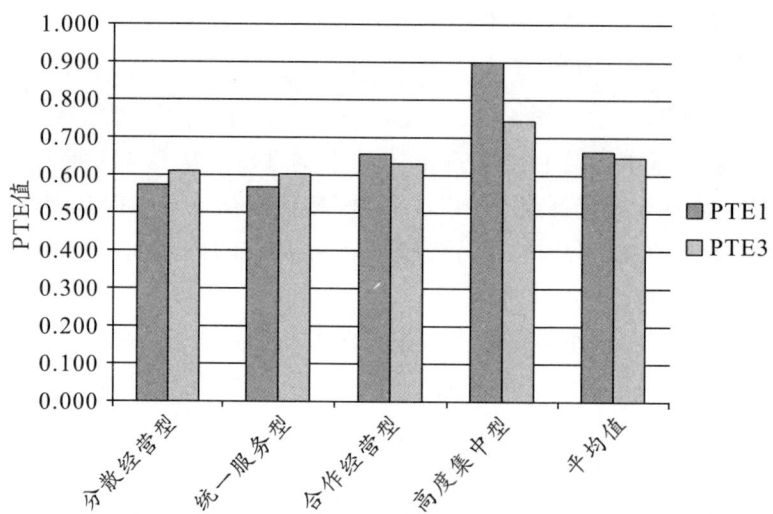

图 4-2 第一、第三阶段农村基本经营制度实现形式的农业生产纯技术效率

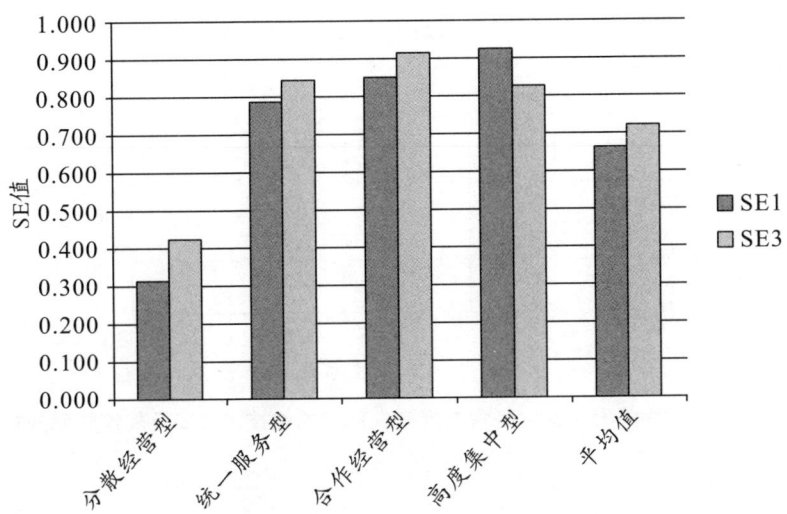

图 4-3 第一、第三阶段农村基本经营制度实现形式的农业生产规模效率

通过第三阶段的农业生产技术效率水平可知，分散经营型（0.259）、统一服务型（0.512）、合作经营型（0.579）、高度集中型（0.617）实现形式的农业生产效率依次递增。在剥离环境因素和随机因素的干扰后的同质环境下，我们按照纯技术效率及规模效率进行划分，将其综合技术效率的构成情况进行分解，并反映在空间折射图中（见图 4-4），可以初步得出以下结论。

（1）高度集中型实现形式的纯技术效率及规模效率均处于较高水平。这说明在该种实现形式下，农业经营主体能够较好地运用先进的生产技术和管理办法，同时也能有效地发挥规模经营优势，实现规模经济效益。相较之下，其农业生产效率的改进主要在于纯技术效率的提升。

（2）统一服务型实现形式的规模效率较高但纯技术效率较低。与高度集中型实现形式相比，其规模效率不相上下，但纯技术效率明显低于前者，仅有0.606，说明这种实现形式生产效率的提升主要来自扩大农业生产规模和资源的集中配置，在运用先进科学技术、投入现代生产要素、提高管理水平方面还存在不足，亟须通过提高纯技术效率来提高农业生产率。

（3）合作经营型实现形式的纯技术效率为 0.634，但规模效率为 0.913，是 4 种基本实现形式类型中的最高水平，处于规模效率的前沿面。这说明合作经营型的组织制度安排在实现规模经营、获取规模效益方面优于其他实现形式。在后续发展中同样也需要提高纯技术效率，着力提高技术管理水平。

（4）分散经营型实现形式的纯技术效率及规模效率均偏低。其纯技术效率仅为 0.610，规模效率仅为 0.425，两者均有较大的提升空间。因此，在分散经营型实现形式的发展过程中，一方面要设法改善管理水平；另一方面也要致力扩大农业生产经营规模。

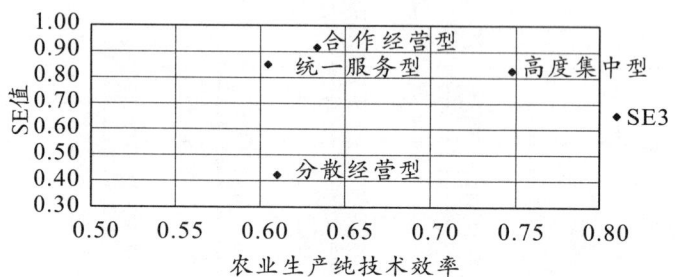

图 4-4 不同的农村基本经营制度实现形式的纯技术效率及规模效率分布

4.3 小　结

本书运用三阶段 DEA 模型，详细考察分析了农村基本经营制度不同实现形式的农业生产效率，得出以下主要结论。

（1）在第二阶段的投入调整之后，农村基本经营制度实现形式的农业生产效率产生的变化显著，表示环境因素与随机误差确实会对农业生产效率产生影响，通过运用三阶段 DEA 模型进行的效率测度比传统的 DEA 模型更加准确与合理。

（2）根据 SFA 模型的分析结果，我们发现：农村居民家庭人均纯收入对农业生产效率的提高是较为有利的因素，城镇化水平的提高在一定程度上促进了资源的有效配置。总体来说，农村居民家庭人均纯收入是农业生产效率提高的有利因素；财政支农未能对农业生产效率产生应有的影响，其作用发挥得并不理想；农民受教育程度的提高会对农业生产效率的提升产生有利的影响。

（3）剔除环境效应与随机误差等因素后，农村基本经营制度实现形式的总体平均技术效率、平均纯技术效率和平均规模效率均有所上升。我国农村基本经营制度实现形式的农业生产效率由低到高依次为分散经营型、统一服务型、合作经营型和高度集中型，各实现形式的纯技术效率和规模效率各不相同，其今后发展过程中的侧重点也有所差异。

结合上述结论，我们可以得到以下启示：

第一，根据上述对 4 种环境影响因素的分析，各环境因素对农业生产率均具有显著影响，因而应结合回归结果对其进行适当控制。首先，有序推进城镇化进程、大力发展农村教育、促进农民持续增收，充分发挥城镇化、农村人力资本积累和农民增收对农业生产效率的促进作用。与此同时，为了控制农民收入水平和城镇化水平对生产效率的部分负面影响，应当对农业发展进行调整与引导，促进农业经营规模与投入结构的合理化，减少盲目投入，从而实现农业资源的有效配置。需要注意的是，虽然当前财政支农并没有如预期那样促进农业生产效率的提高，但这是财政支农支出结构不合理与资金运行效率低造成的，绝非意味着要降低财政支农的力度。因此，今后的着力点应当是努力改进支出项目的组合方式，进一步改善农村公共品供求的外部条件，将农村公共品供给系统的效率损失尽量降低到最少，正确发挥财政支农对农业生产效率提升的促进作用。

第二，在我国农村基本经营制度实现形式的不同类型下，农业生产的特征也各不相同，各种实现形式应该结合自身的不足有针对性地进行改革和完善：①统一服务型实现形式和合作经营型实现形式下的农业生产低效主要原因在于其纯技术效率较低，即管理方面有所不足。因此，需要进一步加强统一服务型和合作经营型实现形式的管理创新和制度变革，运用先进科学技术、投入现代生产要素、提高技术管理水平，建立新的制度体系以确保农业生产持续健康地发展。②分散经营型实现形式的纯技术效率虽然也不高，但与统一服务型实现形式的生产技术效率相差甚远，主要原因是规模效率不足。因此，为了提升整体农业规模效益，分散经营型实现形式当前创新和完善的重点应为适度、有序扩大农业经营规模；同时，也不应忽视从技术管理水平的提升入手进行变革，发展农业规模化、集约化经营，促进农业生产从分散、无序、粗放的状态转向规模、规范、高效的发展。①③高度集中型实现形式的纯技术效率及规模效率表现均较好，在今后的发展过程中，应以此为基础继续深化改革，不仅要从管理的角度出发不断创新、追求突破，也应继续发展农业规模化、产业化及集约化经营，尽可能取得最大的经济效益。

---

① 郭军华，倪明，李帮义．基于三阶段 DEA 模型的农业生产效率研究［J］．数量经济技术经济研究，2010（12）．

5 农村基本经营制度实现形式的农村居民收入效应评价

不同的农村基本经营制度实现形式不但存在农业生产效应上的差异,而且其对农村居民的收入效应也有所不同。能否保持农民收入的持续增长,是解决农民问题的关键所在,是衡量我国农村改革成效的重要标志。因此,农民的收入效应也是考察农村基本经营制度实现形式制度效应的重要方面。

5.1 指标的选择与计算

本章首先对我国不同农村基本经营制度实现形式下当地农村居民的整体增收效果进行统计和评定;其次对不同实现形式下农村居民收入差距状况进行计量和测算;最后在结合客观评价指标的基础上,考察农村居民对收入差距的心理和直观感受,注重主观评价。其中,在对不同农村基本经营制度实现形式下农村居民收入差距状况的考察中,采用洛伦兹曲线和基尼系数这两种运用广泛的指标进行测度。

5.1.1 洛伦兹曲线

洛伦兹曲线是德国统计学家洛伦兹(Lorenz)根据人口百分比与收入分配的关系设计的收入分配曲线。他假定将所有个人的福利指标按照升序排列,横轴表示累计人口比例(从最穷的人口计算起),纵轴表示累计福利份额。图5-1中的45度对角线叫作绝对平等分配线,该曲线上的每一点都表示总人口中的每百分之一的人口在收入中拥有相同比例的收入,意味着所有人的收入都相等,即收入分配绝对平等;图中右下方由横轴与纵轴组成的折线叫作绝对不平等分配线,表示全部收入集中在最后一个人手中,他的收入占总收入的100%,实际生活中不会出现这两种极端现象,而总是介于这两者之间。实际分配曲线即洛伦兹曲线越接近45度对角线,表示收入的分配越平等,反之,越背离45度对角线,表示收入的分配越不平等。

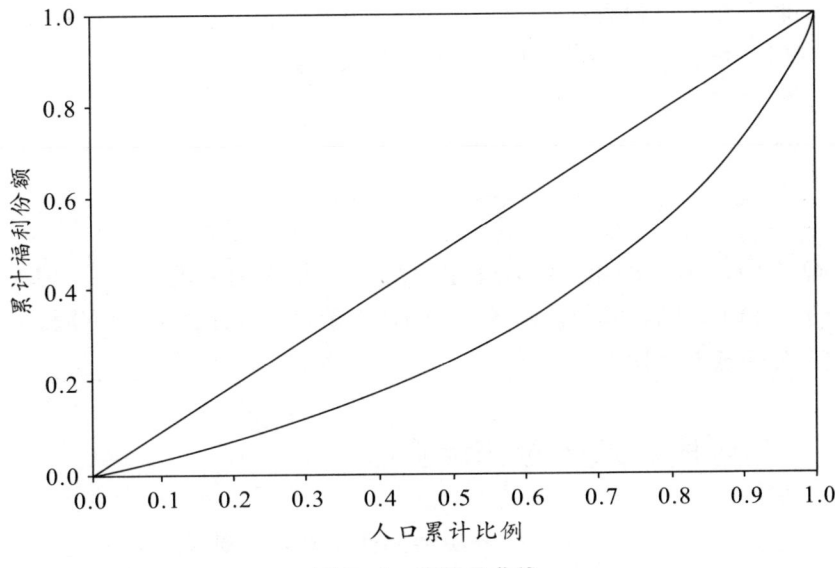

图 5-1 洛伦兹曲线

在 n 个人中进行收入分配时，洛伦兹曲线可以定义为

$$L(p) = \frac{\sum_{k=1}^{j} X_k}{\sum_{k=1}^{n} X_k} = \frac{j\mu_j}{n\mu} = \frac{\mu_p}{\mu}; p = \frac{j}{n}; L(0) = 0; L(1) = 1 \quad (5-1)$$

式中，p 为人口累计比例，代表洛伦兹曲线的横坐标，而 L 为收入累计比例代表洛伦兹曲线的纵坐标，X_k 为第 k 个人的福利。式（5-1）显示，当我们从最穷的人转向最富的人，人口比例按照固定速率 $1/N$ 累计，而福利比例按照变化速率 $x_k/n\mu$ 累计。[1]

5.1.2 基尼系数

基尼系数由意大利经济学家基尼（Gini，1912）提出而得名，是国内外通用的和最基本的评判居民收入差距的方法，能以一个数值衡量收入分配的整体不平等性。[2] 在实际运用中，基尼系数的计算方法不尽相同，有等分法、曲线回归法等。本书采取以下计算方法。

假定将样本人口分为 n 组，设 w_i，m_i 和 p_i 分别代表第 i 组的收入份额、

---

[1] 中国农业科学院农业经济与发展研究所. 国家农业政策分析平台与决策支持系统农业经济计量模型分析与应用 [M]. 北京：中国农业出版社，2008：615.

[2] 孙晓一，徐勇，刘艳华. 中国居民收入差距及空间分异特征 [J]. 经济地理，2015（12）.

平均人均收入和人口频数（$i=1, 2, \cdots n$），对全部样本按照人均收入（m_i）升序排列后，基尼系数（G）可由式（5-2）计算出来，即

$$G = 1 - \sum_{i=1}^{n} p_i(2Q_i - w_i)$$

$$Q_i = \sum_{k=1}^{i} w_k$$

(5-2)

式中，Q_i 为从 1 到 i 的累计收入比重，p_i，w_i 从 1 到 n 的和为 1。基尼系数的值介于 0 和 1 之间，其数值越接近于 0，表示收入分配越平均，越接近于 1，表示收入分配越不平均等。①

5.2　农村居民收入效应统计测度

根据笔者 2016—2017 年进行的实地调研所获得的数据，首先对不同农村基本经营制度实现形式下的农户整体收入水平进行测度；其次运用 Stata.13 软件，通过编写命令绘制出了各实现形式下的洛伦兹曲线，计算出了其基尼系数；最后结合调研过程中对农户的访谈，得出了其对当地贫富差距的主观评价，以此建立起一个农村基本经营制度不同实现形式下农户经济收入绩效的评价系统。

5.2.1　总体收入水平的测度

从总体水平来看，2016 年，分散经营型实现形式下的平均农户家庭纯收入为 7 345.26 元，高度集中型实现形式下的平均农户家庭纯收入为 13 963.46 元，合作经营型实现形式下的平均农户家庭纯收入为 16 161.41 元，统一服务型实现形式下的平均农户家庭纯收入为 16 746.41 元，依次递增（见图 5-2）。

---

① 本书的方法与国家统计局采取的方法一致。参见王萍萍. 关于我国居民收入基尼系数测算的几个问题 [EB/OL]. （2013-02-01）[2019-12-12] http://www.stats.gov.cn/ztjc/ztfx/grdd/201302/t20130201_59099.html.

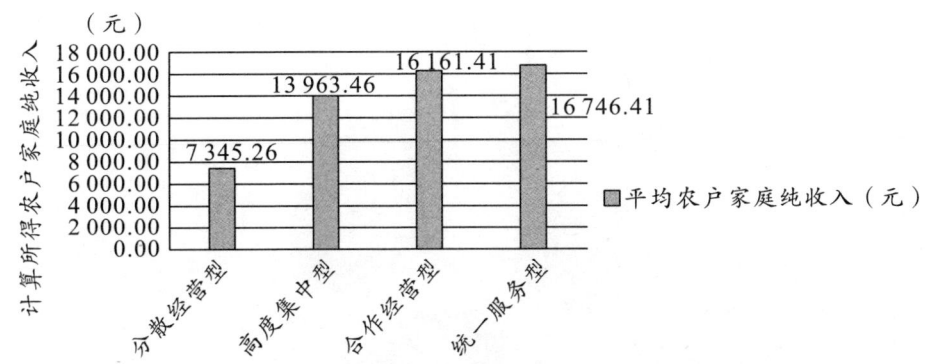

图 5-2　不同农村基本经营制度实现形式下的农户家庭纯收入平均水平

从收入分布状况来看，分散经营型实现形式下，农民人均纯收入在 1 万元以下的占 70%，人均纯收入处于 1 万元~5 万元水平的为 30%，无人均纯收入在 5 万元及以上的情况（见图 5-3）。这说明在该实现形式下农民的收入水平普遍偏低，大部分集中在 1 万元以下，高收入群体（人均 5 万元及以上）占比几乎为零。

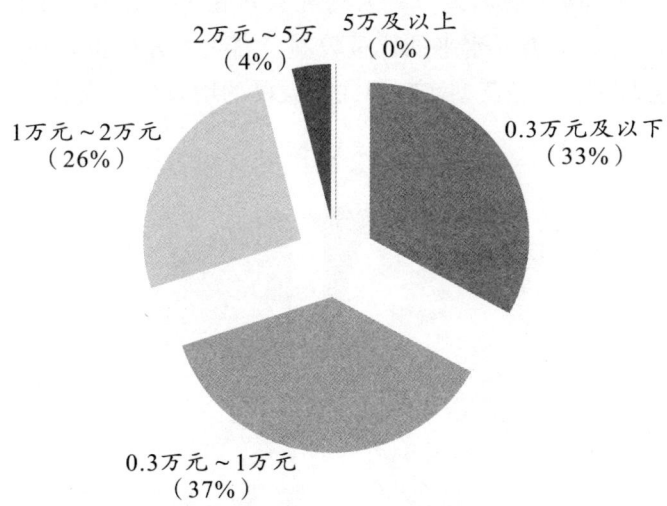

图 5-3　分散经营型实现形式下农民人均纯收入分布状况

统一服务型实现形式下，农民人均纯收入在 1 万元以下的占 63%，人均纯收入处于 1 万元~5 万元水平的为 36%，人均纯收入在 5 万元及以上的有 1%（见图 5-4）。农民人均纯收入在 1 万元以下的比重较分散经营型实现形式有所降低，说明统一服务型实现形式对低收入人群有一定的带动作用。该形式下有 1% 的高收入人群，主要是当地的大户、龙头企业、合作社的领导或管理人员。

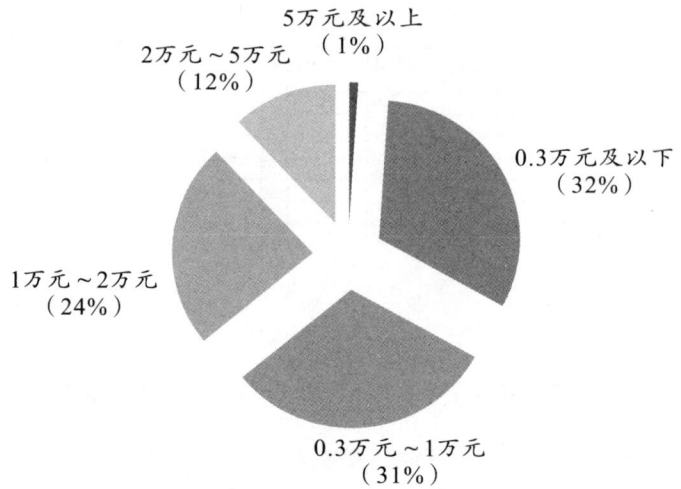

图5-4 统一服务型实现形式下农民人均纯收入分布状况

合作经营型实现形式下,农民人均纯收入在1万元以下的占54%,人均纯收入处于1万元~5万元水平的为41%,人均纯收入在5万元及以上的为5%(见图5-5)。该实现形式下,人均纯收入在1万元及以下的人群大大降低,收入在1万元~5万元水平的比重较高,高收入人群也是在4种基本类型中最多的,这表明合作经营型实现形式对农民的增收效应明显。

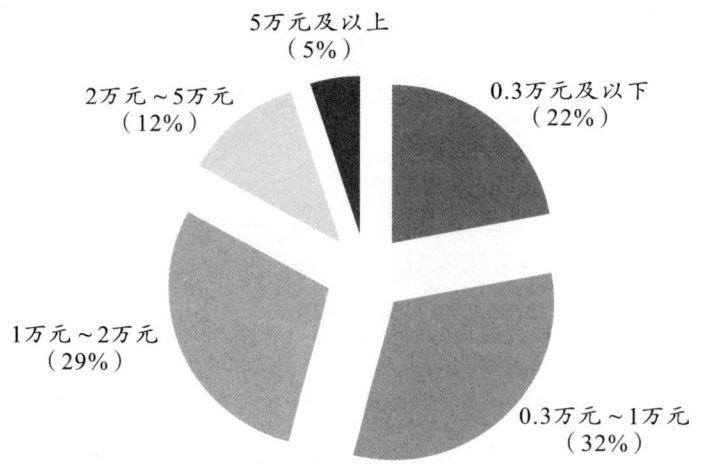

图5-5 合作经营型实现形式下农民人均纯收入分布状况

高度集中型实现形式下,农民人均纯收入在1万元以下的占44%,人均纯收入处于1万元~5万元水平的为53%,人均纯收入在5万元及以上的有3%(见图5-6)。该实现形式下,人均纯收入在1万元~5万元之间的人群已超过了收入为1万元以下的人群,虽然高收入人群比重不及合作经营型实现形式的高,但初步说明高度集中型实现形式能够带领当地农民实现共同富裕。

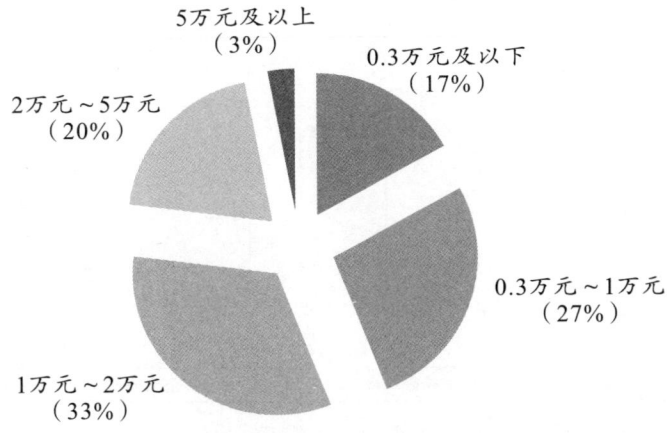

图 5-6 高度集中型实现形式下农民人均纯收入分布状况

5.2.2 洛伦兹曲线和基尼系数的测度

5.2.1节的图表分析只是数据的直观统计和呈现,要准确计量不同农村基本经营制度实现形式下农村居民收入水平的分布及公平性,还要借助专业的计量指标和工具。笔者运用计量经济学与统计软件——Stata.11进行编程,对调研数据进行处理,得到了不同实现形式下的洛伦兹曲线图像(见图5-7)。

从图5-7可以看出,高度集中型实现形式的洛伦兹曲线背离45度绝对平等分配线的程度最小,说明农村居民之间的收入差距不大,该实现形式比较注重公平目标的实现。分散经营型实现形式次之,且收入较低部分的背离程度大于收入较高部分的背离程度,结合前文分析可知,分散经营型实现形式的农村居民收入差距较小,主要原因在于农村居民的人均收入集中在较低水平,是"低水平上的平均"。合作经营型实现形式下的洛伦兹曲线背离程度更大,这与其按劳分配与按要素分配相结合的分配制度相吻合,在共同富裕的同时承认一定收入差距。统一服务型实现形式下的洛伦兹曲线与绝对平等分配线之间的偏离程度最大,说明该实现形式下的农村居民之间的收入差距最大,这也与其市场化、效率型导向相符合。

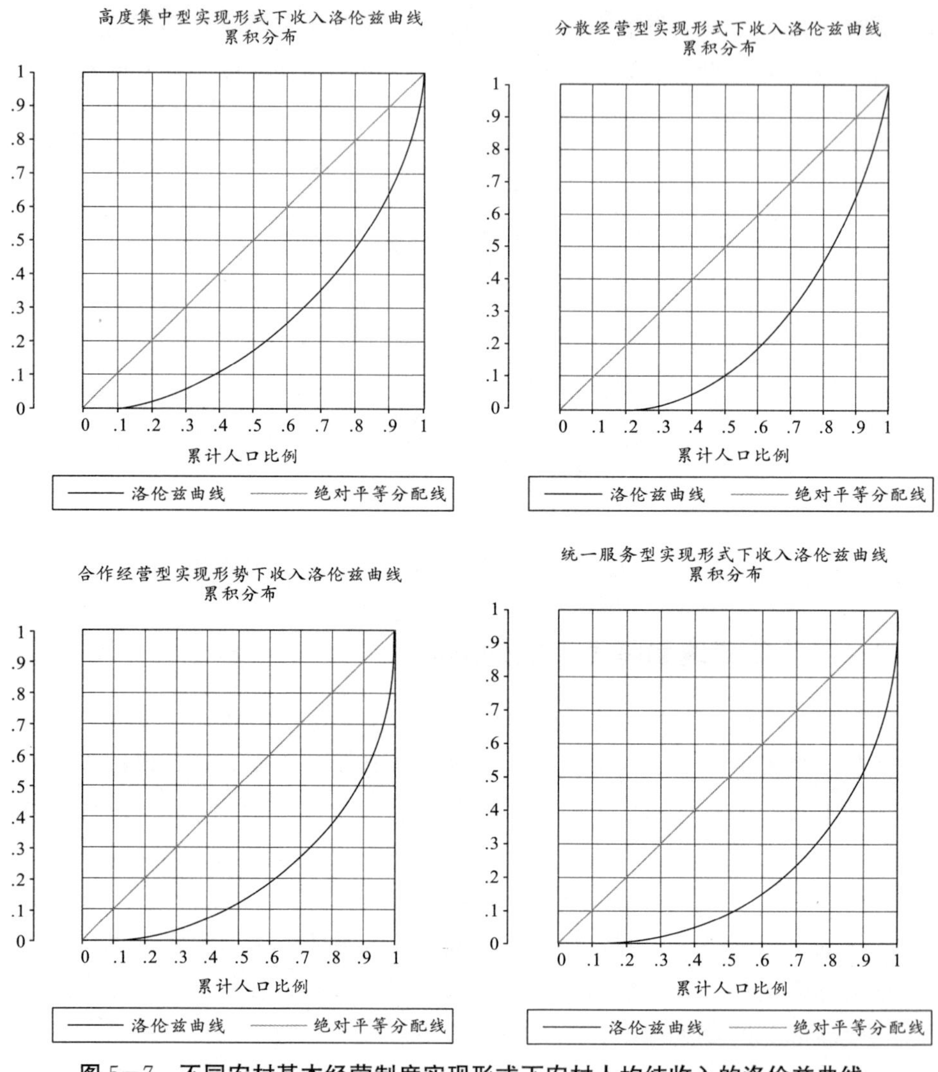

图 5-7 不同农村基本经营制度实现形式下农村人均纯收入的洛伦兹曲线

为使各实现形式下收入差距水平显得更为直观,在绘制洛伦兹曲线的基础上,笔者进一步通过 Stata.11 软件进行编程,对其基尼系数进行了测度(见图 5-8)。从图 5-8 可知,2016 年,高度集中型实现形式下的基尼系数最低,为 0.472,表明农村居民收入差距不大;分散经营型实现形式下的基尼系数为 0.537,表明农村居民收入有一定差距;合作经营型实现形式下的基尼系数为 0.577,农村居民收入差距略高于分散经营型实现形式;统一服务型实现形式下的基尼系数为 0.634，在农村基本经营制度实现形式的 4 种基本类型中最高。①

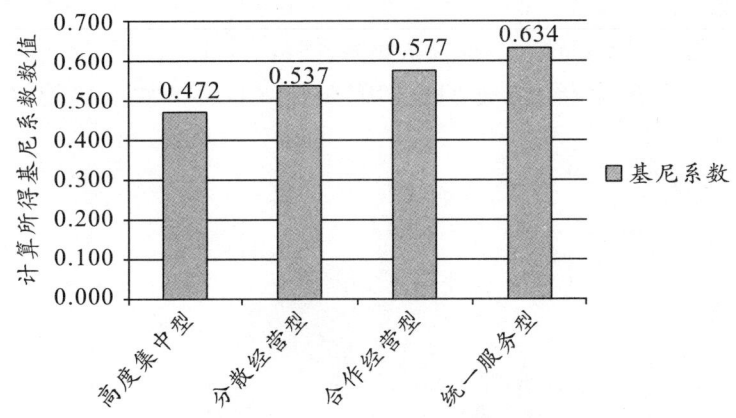

图 5-8　不同农村基本经营制度实现形式下的基尼系数

5.2.3　农村居民对贫富差距主观感受的测度

除了对不同农村基本经营制度实现形式下的农村居民收入差距进行客观测度，农村居民本身的主观感受也是评价体系中的重要组成部分。在调查问卷中，笔者设置了农村居民对当地贫富差距主观感受的问题："您觉得村里的贫富差距大吗？"，回答选项分为："(1) 很小；(2) 较小；(3) 一般；(4) 较大；(5) 很大"。通过简单处理，得到不同农村基本经营制度实现形式下农村居民对贫富差距的主观感受。

从统计结果来看，分散经营型实现形式下的农村居民对贫富差距感受为"很大"和"较大"的比例最高，为 45%（见图 5-9），这与前文根据农民人均收入客观度量所得的结果不一致（分散经营型实现形式下的基尼系数仅高于

---

① 按照国际标准，基尼系数超过 0.4 表示社会分配不平均。根据统计局数据，2016 年中国居民收入的基尼系数为 0.465。笔者所计算的农村地区基尼系数较高，主要原因在于：第一，中国农村内部的不均等几乎总是大于城镇内部的不均等［参见：万广华. 城镇化与不均等：分析方法和中国案例［J］. 经济研究，2013 (5)］，因此客观上讲，农村基尼系数可能高于总体基尼系数。第二，中国最重要的国情就是地域辽阔、人口众多和地区发展差异较大，本次调研受调查时间与范围的限制，无法取得千、万级以上的样本数量，因此计算结果与国家数据有所差异。第三，本书为充分考察各农村基本经营制度实现形式在形成、发展和运行过程中的实际问题，调查对象一般都涵盖当地农村基本经营制度实现形式中的推动和实际运行主体，如农业企业、专业合作社、股份合作社的创办人及主要管理人员、专业大户、村干部等，这些人员的家庭收入可能普遍高于普通农户，可能造成基尼系数偏高。但最终测算的各实现形式间基尼系数的相对差距仍具有重要参考意义。

高度集中型实现形式下的基尼系数),说明分散经营型实现形式下的农村居民对贫富差距的感受最为强烈。可能的原因是,该实现形式下的农村居民所对比的对象不是本村收入也偏低的村民,而是与相邻村庄甚至城镇居民进行对比,故而普遍认为贫富差距较大。这也从侧面说明,分散经营型实现形式下的农村居民"失落感"最为严重,他们迫切需要提高自己的农业比较收益和家庭收入。

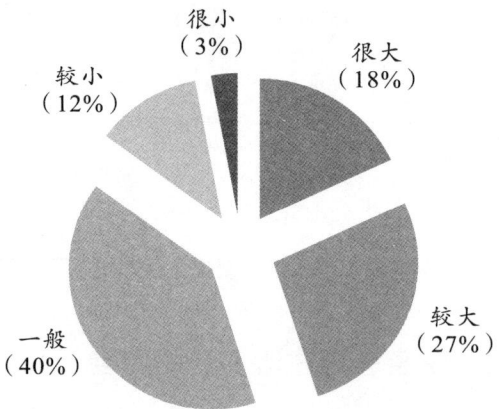

图5-9 分散经营型实现形式下农村居民对贫富差距的主观感受

统一服务型实现形式下,农村居民对当地贫富差距的感受为"很大"和"较大"的比例仍然较高,为39%(见图5-10)。原因在于,统一服务型实现形式下的产业化经营组织的经济效益普遍较高,如龙头企业、合作社中的领导层与管理层人员的收入高于普通农户,而这些经营组织与普通农户家庭之间的利益联结方式又不够紧密,农业经营收益的分享不足,导致普通农户感受到了与他们之间的收入差距。

5 农村基本经营制度实现形式的农村居民收入效应评价

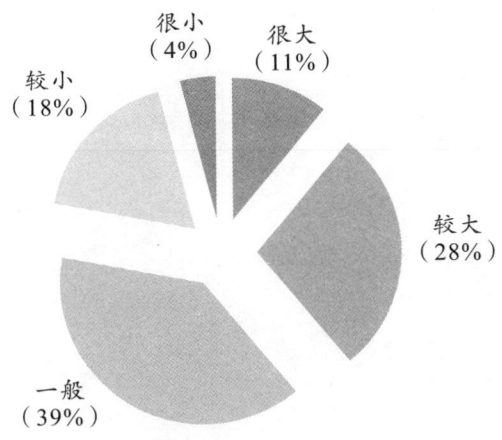

图 5-10 统一服务型实现形式下农村居民对贫富差距的主观感受

合作经营型实现形式下，农村居民对贫富差距的感受为"很大"和"较大"的比例为32%，说明该实现形式下农村居民还是能够感受到一定的收入差距；而感受为"较小"和"很小"的比例上升至28%，说明适当的收入差距虽然存在，但农户还是能够感到相当程度的公平性（见图5-11）。

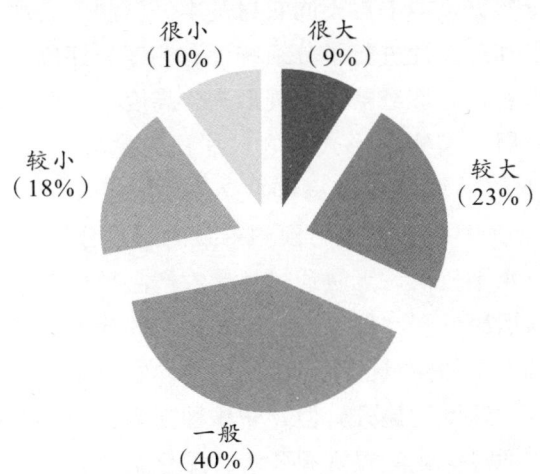

图 5-11 合作经营型实现形式下农村居民对贫富差距的主观感受

高度集中型实现形式下，农村居民对贫富差距的感受为"很大"和"较大"的比例下降至29%，缩小至分散经营型实现形式下的1/2左右；同时，感受为"较小"和"很小"的比例高达39%，已占农村居民主观评价的最大份额，说明该实现形式下农村居民普遍产生了共同富裕的感受（见图5-12）。

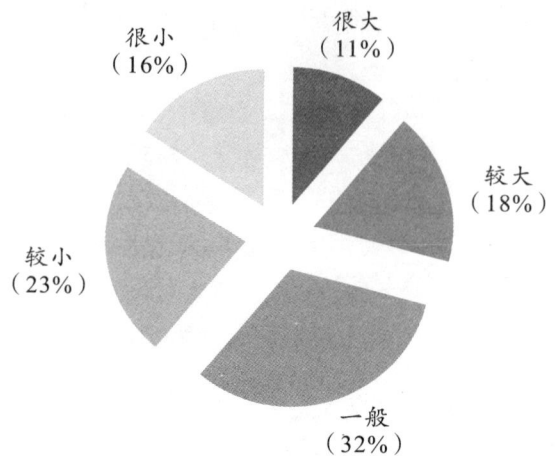

图 5—12　高度集中型实现形式下农村居民对贫富差距的主观感受

5.3　小　结

根据问卷调查数据，本书对不同农村基本经营制度实现形式下农村居民家庭收入的绝对水平和适度性进行了分组统计、测度与评价，具体评判如下。

从绝对水平来看，分散经营型实现形式、高度集中型实现形式、合作经营型实现形式、统一服务型实现形式对农村居民家庭纯收入的促进水平依次递增，各实现形式下的平均农户家庭纯收入分别为 7 345.26 元、13 963.46 元、16 746.41 元和 16 161.41 元。与理论预测一致的是，分散经营型实现形式下平均农户家庭纯收入水平较低，无法通过从事农产品种植和销售来获得社会平均利润，大多数农村居民处于"保温饱，难富裕"的状态。高度集中型实现形式在注重效率的基础上更加注重公平，因此，平均农户家庭纯收入水平较分散经营型实现形式有较大幅度的提升，但并非 4 种基本类型中最高的实现形式。合作经营型实现形式通过优化配置资源要素、深化农业分工提升了农业效益，还赋予农民"二次分配"的机会，实现了各类潜在收益的挖掘和分享，拓宽了农民的增收渠道。统一服务型实现形式则通过推动产业化运作和实现其向第二、第三产业的延伸，带领农民分享了社会化分工和农业产业链拓展带来的利益，因而该实现形式下农户家庭的纯收入水平是最高的。但这一结果可能是由于统一服务型实现形式下部分收入较高的人群（龙头企业的领导层及管理层人员）拔高的。因此，不同农村基本经营制度实现形式对农村居民的收入促进效应不能仅凭该指标便予以判定，还应结合其对当地农村居民收入的普遍改善程度做出判断。

　　从适度性和公平性来看，根据洛伦兹曲线的形态和基尼系数的数值结果，2016年，高度集中型实现形式、分散经营型实现形式、合作经营型实现形式、统一服务型实现形式下的基尼系数依次递增，分别为0.472、0.537、0.577和0.634，各实现形式下的农村人均纯收入洛伦兹曲线与45度绝对平等分配线的背离程度也依此顺序逐步递增。这表明高度集中型实现形式下，普遍实行的是按劳分配制度，始终以村民共同富裕为目标，更加注重普惠性的福利制度建设，村民之间的货币工资收入差距较小，避免了贫富差距；分散经营型实现形式下的村民收入差距也较小，它相对公平地保障了每个人都能实现其基本生存权利，但这种公平性还维持在比较低的收入水平上；合作经营型实现形式下，实行按劳分配与按要素分配相结合的分配制度，兼顾个人利益和整体利益，在共同富裕的同时承认一定收入差距，所以在该实现形式中，村民虽然普遍比较富裕，但是存在一定的收入差距；统一服务型实现形式具有明显的市场化、效率型导向特征，提升了农业效益、带领农民增收，但由于龙头企业等经营组织在生产经营中占据了优势地位，普通农户能够从中分享到的农产品加工、销售利润有限，因而该实现形式下收入不平等程度较高。

　　从农民的主观评价来看，分散经营型实现形式、统一服务型实现形式、合作经营型实现形式和高度集中型实现形式下的农村居民对贫富差距的感受强度依次递增。在分散经营型实现形式下，农村居民的收入差距从客观指标上看并不太高，但当地居民显然对这种"低水平的平均"状态并不满意，他们并不会与其他同等低收入水平的居民进行对比，而更加注重自己与更高收入水平家庭之间的差距。因而，在分散经营型实现形式今后的发展过程中，提高农业经营收益、农户收入水平和农民"获得感"是最需要重点关注的方面。在统一服务型实现形式下，农民对贫富差距的感受仍然相当强烈，由于该实现形式下生产资料（除土地）仍为私人占有，劳动者与资本的分离使大部分农民只能获得产业工人的身份，剩余价值大部分仍为资本占有。因此，在统一服务型实现形式的发展过程中，要注重在产业化经营组织与农户之间建立起更加良好的合作机制和利益分享机制。在合作经营型实现形式下，成员权利平等、资产股份共有、利益按贡献分享，因而既保证了农民的个体利益，组织的经济绩效也得到了提升，是能够兼顾公平和效率双重目标的实现形式。高度集中型实现形式既引导农民走上了富裕的道路，其发展成果又用于保障成员的生存、福利和未来发展，为农民集体成员所共享，因此该实现形式下农村居民对贫富差距的感受最不强烈。

6 农村基本经营制度实现形式的农村社会效应评价

前文从农业生产效应和农民收入效应两个方面对农村基本经营制度实现形式的效应进行了评价，但好的制度或有效率的制度还应该包含全体一致性，因而对农村基本经营制度实现形式的效应评价还应包括农村社会效应方面的内容，考察不同实现形式带来的福利效果以及人们对它的认同感与归属感。

6.1 指标体系的构建

福利理论的发展大致分为 3 个阶段：功利主义效用福利理论（主观主义福利理论）、客观主义福利理论和可行能力福利理论。功利主义效用福利理论即"效用论"，其评价基础为主观满足程度，忽视了福利多元主义的特征，未能反映自由、权利、健康等方面的内容；客观主义福利理论是"物质论"，它局限于对收入、财富、消费支出等"物"的数量的衡量，因而也存在争议。①

阿马蒂亚·森对传统社会福利研究进行了批判，并进一步提出了可行能力理论（Capability Approach）②。他指出了 5 种工具性自由（Instrumental Freedoms），为人们研究福利水平构建多指标综合评价体系提供了理论基础。③在实际研究中，学者们大多根据研究目标和样本特性选取相关功能指标。高进云等（2007）以武汉市征地农民调查数据为基础，从家庭经济收入、社会保障、居住条件、社区生活、环境和心理 6 项指标出发，使用模糊集方法研究征地前后农民福利的变化。徐烽烽等（2010）选取家庭经济状况、社会保障、社

---

① 丁琳琳，吴群，李永乐. 新型城镇化背景下失地农民福利变化研究［J］. 中国人口·资源与环境，2017（3）.

② 该理论认为物质财富本身并不能创造福利，而是这些商品影响个人生活，并用功能自由与能力自由测度社会福利。其中，功能自由是个人现状的真实反映，而能力是未来能给个人带来的功能自由，并认为自由是享受人们有自由珍视的那种生活的可行能力。转引自吴士炜，汪小勤. 基于 Sen 可行能力理论测度中国社会福利指数［J］. 中国人口·资源与环境，2016（8）.

③ 阿马蒂亚·森. 以自由看待发展［M］. 任赜，于真，译. 北京：中国人民大学出版社，2002.

会机会、农民心理等功能指标,以及家庭抚养人口比重、劳动力非农业就业比重、受教育程度等异质性因素,使用模糊综合评判法对土地承包经营权置换城镇社会保障过程中农户福利的变化进行了讨论。① 袁方、史清华(2013)从社会机会、防护性保障、精神感受、经济情况、生活情况和工作环境6个功能性活动方面考察了农民工的福利状况。②

6.1.1 农户社会福利的构成

本书拟采用模糊综合评价法,以阿马蒂亚·森的可行能力理论为基础,构建农村社会福利评价指标体系。综合已有研究及现实状况,从农户家庭经济状况、居住条件、居住环境、社会保障、社区活动、社会资源和心理因素7个方面考察不同农村基本经营制度实现形式下农户的社会福利状况。具体功能性活动及其对应的初级指标如表6-1所示。

(1) 家庭经济状况。虽然以物质因素(如财富)替代福利的做法存在若干缺陷,但应当认识到,个体的物质财富仍是其生活质量的重要影响因素,是改变功能性活动的工具。因此,本书将家庭经济状况作为评价福利的指标。在本书中,由于所在地区采取了不同的农村基本经营制度实现形式,农民的土地利用方式、劳动力流转方式和农业经营方式都各不相同,这些都影响了他们的收入结构和生活方式。因此,农民的家庭经济状况可采用农村居民人均纯收入和恩格尔系数2个指标进行评价。

(2) 居住条件。罗比恩斯(Robeyns)通过研究指出,居住条件是否良好对于生理和心理的健康状况有重要影响。③ 布拉特(Bratt)也指出,现代社会居住条件在一定程度上象征着个体的身份,因而与个体的心理状况之间存在密切的关系。④ 笔者研究发现,农村基本经营制度实现形式的不同会导致农户居住条件的变化,进而对其现实生活和心理状况产生实质性影响。该功能性活动指标由人均居住面积、房屋结构、水电供应方便程度和配套设施完善度来反映。

(3) 居住环境。早川和男认为良好的居住环境是福利的基础,它不仅可以

---

① 徐烽烽,李放,唐焱. 苏南农户土地承包经营权置换城镇社会保障前后福利变化的模糊评价:基于森的可行能力视角 [J]. 中国农村经济,2010 (8).
② 袁方,史清华. 不平等之再检验:可行能力和收入不平等与农民工福利 [J]. 管理世界,2013 (10).
③ I. Robeyns. Sen's Capability Approach and Gender Inequality: Selecting Relevant Capabilities [J]. Feminist Economics,2003,vol. 9.
④ R. G. Bratt. Housing and Family Well-being [J]. Housing Studies,2002,vol. 17 (1).

支撑人的生活、健康、幸福人生，还可以起到社会性"预防学""预防福利学"的效果。[1] 本书选取生态环境状况和治安状况 2 个指标来评价农民的居住环境。

（4）社会保障。土地对于农民而言，具有生活保障、就业机会等功能。在不同的实现形式下，农民是否让渡了土地的承包权、经营权，是否具有基本的养老保险、医疗保险和就业指导是影响农民福利的重要因素。因此，本书选取养老保险、医疗保险、农业技术培训和非农就业指导与培训 4 个指标来评价农民的社会保障。

（5）社区活动。农村基本经营制度实现形式的演进会改变农民的生产方式进而影响其生活环境及生活方式，社会关系状况将被打破和重建；同时，组织内部民主管理制度的建立也将使民主的生活方式逐步扩散到更为广泛的范围，改变农民参与集体生活的意愿和方式。因此，本书选取社会关系网络、参与社区公共事务的程度、参与社区文化活动 3 个指标来评价农民的社区活动。

（6）公共服务资源。阿马蒂亚·森认为，社会机会是人重要的非物质福利。[2] 农村基本经营制度实现形式的不断创新和演化将逐步解放更多农村劳动力，进入城市和非农产业就业，农民寻求新职业的难易程度与其是否参与过职业技能培训和求职机会的多少直接相关；农业经营效益的状况和合作经济组织的发展状况决定着农民是否能够享有较高的教育和医疗服务水平。本书选取教育质量、医疗条件和就业难度 4 个指标来评价农民的公共服务资源。

（7）心理因素。个体的幸福感是构成其福利的重要主观性指标。[3] 在农村基本经营制度实现形式的不断创新过程中，伴随着农业生产方式和生活方式的转变，农民心理的认同度和适应程度也会对其福利水平产生重要影响。[4] 该功能性活动可以由农民对贫富差距的感受、对生活状况总体满意度、对农村居民身份的认同度、对村干部的认同度和对集体主义及社会主义的认同度 5 个指标予以反映。

---

[1] 早川和男. 居住福利论：居住环境在社会福利和人类幸福中的意义 [M]. 北京：中国建筑工业出版社，2005. 转引自蒋和胜，费翔，唐虹. 不同经济发展水平下集中居住前后农民的福利变化——基于成都市不同圈层的比较分析 [J]. 经济理论与经济管理，2016（4）.

[2] 阿马蒂亚·森. 以自由看待发展 [M]. 北京：中国人民大学出版社，2002.

[3] 徐烽烽，李放，唐焱. 苏南农户土地承包经营权置换城镇社会保障前后福利变化的模糊评价——基于森的可行能力视角 [J]. 中国农村经济，2010（8）.

[4] 张海波，童星. 被动城市化群体城市适应性与现代性获得中的自我认同——基于南京市 561 位失地农民的实证研究 [J]. 社会学研究，2006（2）.

表 6-1 功能性活动及对应的初级指标

功能性活动及其对应的初级指标		类型	变量定义与说明
家庭经济状况	人均纯收入	C	将2016年现价村脱贫标准3 146元作为计算农业收入隶属度的最小值,将2016年实现小康社会的人均收入标准13 598元作为最大值
	恩格尔系数	C	将60%和30%分别作为计算农村居民恩格尔系数隶属度的最大值和最小值
居住条件	人均居住面积	C	将农村人均住房建筑面积的最大值设为45平方米,最小值设为15平方米
	房屋结构	Q	砖木结构=1,钢筋混凝土结构=2
	水电供应方便程度	Q	很方便=5,较方便=4,一般=3,不方便=2,很不方便=1
	配套设施完善度	Q	非常好=5,比较好=4,一般=3,比较差=2,非常差=1
居住环境	生态环境状况	Q	非常好=5,比较好=4,一般=3,比较差=2,非常差=1
	治安状况	Q	非常好=5,比较好=4,一般=3,比较差=2,非常差=3
社会保障	养老保险	D	是=1,否=0
	医疗保险	D	是=1,否=0
	农业技术培训	D	是=1,否=0
	非农就业指导与培训	D	是=1,否=0
社区活动	社会关系网络	Q	非常好=5,比较好=4,一般=3,比较差=2,非常差=1
	参与社区文化活动	Q	每天=5,经常=4,有时=3,很少=2,从不=1
	参与社区公共事务	Q	每次=5,经常=4,有时=3,很少=2,从不=1
公共服务资源	教育质量	Q	非常好=5,比较好=4,一般=3,比较差=2,非常差=3
	医疗条件	Q	非常好=5,比较好=4,一般=3,比较差=2,非常差=3
	就业难度	Q	很难=5,较难=4,一般=3,容易=2,很容易=1

续表6-1

功能性活动及其对应的初级指标		类型	变量定义与说明
心理因素	对贫富差距的感受	Q	很大=5，较大=4，一般=3，较小=2，很小=1
	对生活状况总体的满意度	Q	很满意=5，基本满意=4，一般=3，不满意=2，很不满意=1
	对农村居民身份的认同度	Q	很好=5，还不错=4，没感觉=3，不太好=2，很差=1
	对村干部的认同度	Q	很好=5，较好=4，一般=3，较差=2，很差=1
	对集体主义及社会主义的认同度	Q	很好=5，较好=4，一般=3，较差=2，很差=2

注：C 表述连续性变量，Q 表示虚拟定性变量，D 表示虚拟二分变量。

6.1.2 模糊评价模型的构建

在可行能力理论的分析框架下，福利是一个多维度的、在一定程度上模糊的、难以准确界定的概念，无法被精确地衡量，而由查德（Zadeh）提出的模糊数学方法在处理此类问题上具有独特的优势。① 因此，笔者拟采用该方法测定不同农村基本经营制度实现形式下的农村社会福利水平。

6.1.2.1 模糊函数设定

设模糊集 X 表示农户福利状况，设表 6-1 中的家庭经济状况、居住条件、居住环境、社会保障、社区活动、社会资源、心理因素构成了 X 的子集 W，第 n 个农户的福利函数可表示为 $W^{(n)}=\{x, \mu_w(x)\}$，其中，$x \in X$，$\mu_w(x)$ 是 x 对 W 的隶属度，$\mu_w(x) \in [0, 1]$。一般认为，$\mu_w(x)$ 越大，$W^{(n)}$ 越大，则福利状况越好；反之，隶属度越小，则福利状况越差。

然后，确定隶属度函数 $\mu_w(x)$。隶属度函数的设定多根据所选指标的类型和研究的现实背景确定。一般情况下，指标变量有虚拟二分变量、连续变量、虚拟定性变量 3 种类型。

设 x_i 是表示农户福利状况的第 i 个功能子集，x_{ij} 是测度第 i 个功能的第 j 项评价指标。则农户福利的评价指标为 $x=[x_{11}, \cdots, x_{ij}, \cdots]$，其中，$i=1, 2, \cdots, I$，$I$ 为表示农户福利的功能性活动个数；$j=1, 2, \cdots, J_{(i)}$，$J_{(i)}$ 表示第 i 个功能性活动中评价指标的个数。

---

① 王伟，马超. 不同征地补偿模式下失地农民福利变化研究：来自准自然实验模糊评价的证据[J]. 经济与管理研究，2013（4）.

(1) 虚拟二分变量隶属函数。如果要表达的对象只存在"是"与"否"的两种情况，则选用虚拟二分变量。如社会保障指标中，是否参加过就业指导与培训，是否购买社会保险等，其隶属函数如下，有

$$\mu(x_{ij}) = \begin{cases} 0 & x_{ij} = 0 \\ 1 & x_{ij} = 1 \end{cases} \quad (6-1)$$

如果个体拥有某种商品或服务，则 $x_{ij}=1$，该指标对于第 i 个功能子集的隶属度 $\mu_w(x_{ij})=1$；相反，则 $x_{ij}=0$，$\mu_w(x_{ij})=0$。例如，本书的社会保障指标包含是否购买养老保险、是否购买医疗保险、是否参加过农业技术培训、是否参加过非农就业指导与培训，若被调查者拥有这些商品或服务，则 $x_{ij}=1$，否则 $x_{ij}=0$。

(2) 虚拟定性变量的隶属函数。在对福利指标的考察中，往往会涉及一些主观评价、无法量化的指标，只能以定性描述表达。对于这种情况，通常设研究对象对某个变量的满意程度设为 n 种（通常为3种或5种）状态，接下来对这 n 种状态进行等间距赋值 $x_{ij}=\{x_{ij}^{(1)},\cdots,x_{ij}^{(n)}\}$，如对参与社区文化活动进行调查时，其内容包括每天参加、经常参加、有时参加、很少参加和从不参加这5种情况，依次赋值为5，4，3，2，1。

a. 满意度等与福利状况成正比的虚拟定性变量，其隶属函数设为

$$\mu(x_{ij}) = \frac{x_{ij} - x_{ij}^{\min}}{x_{ij}^{\max} - x_{ij}^{\min}}, \quad x_{ij}^{\min} < x_{ij} < x_{ij}^{\max} \quad (6-2)$$

b. 恩格尔系数、就业难度等与福利状况成反比的虚拟定性变量，其隶属函数设为

$$\mu(x_{ij}) = \frac{x_{ij}^{\max} - x_{ij}}{x_{ij}^{\max} - x_{ij}^{\min}}, \quad x_{ij}^{\min} < x_{ij} < x_{ij}^{\max} \quad (6-3)$$

式（6-2）、（6-3）中，$x_{ij}^{\max}$ 和 $x_{ij}^{\min}$ 分别表示指标值的最大值和最小值。

虚拟定性变量取值说明。表征居住条件与环境的房屋结构、水电供应方便程度、配套设施完善度、环境质量满意度、治安状况满意度，这些指标取值的大小与福利状况正相关，适用式（6-2）；表征社区活动的社会关系网络、参与社区文化活动、参与社区公共事务的程度，这些指标取值的大小与农户家庭福利状况呈正比，适用式（6-2）；表征公共服务资源的子女教育资源与质量、医疗卫生条件等指标的取值也与农户福利状况呈正比，适用式（6-2），但寻找工作难度的指标取值与家庭福利状况呈反比，适用式（6-3）；表征心理因素对生活状况总体满意度、对农村居民身份的认同度、对村干部的认同度、对集体主义及社会主义的认同度等指标的取值与农户福利状况呈正比，适用式

(6-2)，对贫富差距感受的指标取值与家庭福利状况呈反比，适用式(6-3)。

(3) 连续变量隶属函数。根据连续型变量与农户福利状态的关系，分别采用以下函数形式。

a. 升半梯形分布的隶属函数适用于与福利状态成正比的评价指标，有

$$\mu(x_{ij}) = \begin{cases} 0 & 0 \leqslant x_{ij} < x_{ij}^{\min} \\ \dfrac{x_{ij} - x_{ij}^{\min}}{x_{ij}^{\max} - x_{ij}^{\min}} & x_{ij}^{\min} < x_{ij} < x_{ij}^{\max} \\ 1 & x_{ij} \geqslant x_{ij}^{\max} \end{cases} \quad (6-4)$$

式中，$x_{ij} \geqslant x_{ij}^{\max}$（上阈值），说明福利状况较好，隶属度取值为 1；若 $x_{ij} \leqslant x_{ij}^{\min}$（下阈值），说明福利状况较差，隶属度取值为 0；若指标的值介于 $x_{ij}^{\max}$ 与 $x_{ij}^{\min}$ 之间，则指标值越大，福利状况的变化越大。

b. 降半梯形分布的隶属函数为

$$\mu(x_{ij}) = \begin{cases} 0 & 0 \leqslant x_{ij} \leqslant x_{ij}^{\min} \\ \dfrac{x_{ij}^{\max} - x_{ij}}{x_{ij}^{\max} - x_{ij}^{\min}} & x_{ij}^{\min} < x_{ij} < x_{ij}^{\max} \\ 1 & x_{ij} \geqslant x_{ij}^{\max} \end{cases} \quad (6-5)$$

式中若评价指标 x_{ij} 与农户家庭福利状态之间呈反比关系，则应采用降半梯形分布的隶属函数。若指标的值介于 $x_{ij}^{\max}$ 与 $x_{ij}^{\min}$ 之间，指标值越大，福利状况差的概率越大。

在本书中，农村人均纯收入指标与农户福利状况呈正比，适用升半梯形公式（6-4）；人均居住面积与农户家庭福利状况呈正相关，也适用式（6-4）；恩格尔系数与农户家庭福利状况呈反比，适用降半梯形公式（6-5）。

6.1.2.2 指标权重的确定

对各初级指标赋予的权重可以不同，笔者采用切利和莱米（Chelietal & Lemmi）[①] 提出的权重计算公式

$$\omega_{ij} = \ln\left[\dfrac{1}{\overline{\mu(x_{ij})}}\right], \quad \overline{\mu(x_{ij})} = \dfrac{1}{n}\sum_{p=1}^{n} \mu(x_{ij})^{(p)} \quad (6-6)$$

式中，$\overline{\mu(x_{ij})} = \dfrac{1}{n}\sum_{p=1}^{n} \mu(x_{ij})^{(p)}$ 表示 n 个农户第 i 个功能子集中第 j 项指标的均值。

---

① B. Cheli, A. Lemmi. A Totaly Fuzy and Relative Approach to the Multidimensional Analysis of Poverty [J]. Economic Notes, 1995, 24, vol. 1.

6.1.2.3 隶属度计算公式

（1）初级指标隶属度的加总。确定初级指标隶属度及其权重后，根据切廖利和扎尼（Cerioli & Zani）提出的公式计算各功能子集的隶属度

$$\mu(x_j) = \frac{\sum_{j=1}^{k} \overline{\mu(x_{ij})} \times \omega_{ij}}{\sum_{j=1}^{k} \omega_{ij}} \quad (6-7)$$

式中，k 表示在第 i 个功能性活动子集中包含 k 项初级指标。

（2）可行能力隶属度的加总。将各可行能力的隶属度加权汇总，得到总体福利测度的隶属度公式为

$$W = \frac{\sum_{j=1}^{k} \mu(x_i) \times \omega_{ij}}{\sum_{j=1}^{k} \omega_{ij}} \quad (6-8)$$

式中，各功能性活动的权重 $\omega_{ij} = \ln\left[\dfrac{1}{\mu(x_{ij})}\right]$，$h$ 表示功能性活动的个数。[①]

6.1.2.4 确定初级指标隶属度最大值和最小值的选取

在计算连续型指标隶属度前，应设定指标的上阈值 $x_{ij}^{\max}$ 和下阈值 $x_{ij}^{\min}$，本书选取的连续型指标包括农村居民人均纯收入、恩格尔系数和人均居住面积。

（1）农村居民人均纯收入。关于人均纯收入最小值的选取，我国现行脱贫标准是农民年人均纯收入按 2010 年不变价计算为 2 300 元[②]，2016 年现价脱贫标准为 3 146 元，故将贫困人口认定标准 3 146 元作为农村居民人均纯收入的最小值。关于人均纯收入最大值的选取，党的十八大报告中指出，全面建成小康社会的目标之一是"到 2020 年实现国内生产总值和城乡居民人均收入比 2010 年翻一番"，2010 年的农村居民人均纯收入为 5 919 元，以此标准计算，要达到 2020 年翻一番的水平即 11 838 元，需以年均 14.87% 的速度环比增长，则 2016 年的小康社会标准为人均纯收入应达 13 598 元，以此作为农村居民人均纯收入的最大值。

（2）恩格尔系数。联合国粮农组织根据恩格尔系数的大小，对世界各国的生活水平有一个划分标准，即一个国家平均家庭恩格尔系数大于 60% 为贫穷，

---

① 王珊，张安录，张叶生. 农地城市流转的农户福利效应测度 [J]. 中国人口·资源与环境，2014（3）.

② 习近平. 关于《中共中央关于制定国民经济和社会发展第十三个五年规划的建议》的说明 [J]. 实践（思想理论版），2015（11）.

50%~60%为温饱，40%~50%为小康，30%以下为富足。2016年，中国城镇居民恩格尔系数为 30.1% 接近富足标准。[①] 结合样本的实际情况，本书选择 60% 和 30% 分别作为计算农村居民恩格尔系数隶属度的最大值和最小值。

（3）人均居住面积。2017年7月，国家统计局公布的数据显示，2016年，全国居民人均住房建筑面积为 40.8 平方米，农村居民人均住房建筑面积为 45.8 平方米[②]，本书选取 45 平方米作为农村居民人均居住面积隶属度的最大值。至于最小值的选取则根据国家廉租住房保障面积标准，以家庭为单位，2 人以下家庭的保障面积标准为建筑面积 30 平方米，3 人家庭为 40 平方米，4 人及以上家庭为 50 平方米，故本书选取人均保障面积标准的大致平均值 15 平方米作为计算农村居民人均居住面积隶属度的最小值。

6.2 农户社会福利评价结果及分析

从不同农村基本经营制度实现形式下农户福利水平的模糊评价结果（见表 6-2）可以看出：不同实现形式下农户福利水平具有较大的差异，农户福利的总模糊指数由低到高依次为分散经营型实现形式 0.376、统一服务型实现形式 0.584、合作经营型实现形式 0.593、高度集中型实现形式 0.625。高度集中型实现形式的福利水平显著高于分散经营型实现形式，统一服务型实现形式和合作经营型实现形式的差异不大。

表6-2 不同农村基本经营制度实现形式下农户福利水平的模糊评价结果

功能性活动及其对应指标	分散经营型	统一服务型	合作经营型	高度集中型
家庭经济状况	**0.520**	**0.641**	**0.671**	**0.698**
人均纯收入	0.486	0.606	0.654	0.715
恩格尔系数	0.563	0.686	0.690	0.683
居住条件	**0.421**	**0.737**	**0.749**	**0.624**
人均居住面积	0.409	0.665	0.676	0.520
房屋结构	0.277	0.756	0.794	1.000
水电供应方便程度	0.723	0.827	0.888	0.879

---

① 宁吉喆. 2016年中国恩格尔系数30.1%接近富足标准 [EB/OL]. （2017-10-10）[2019-12-12] http://www.chinanews.xinhuanet.com/fortune/2017-10/10/c_129717960.htm.

② 统计局：2016年全国人均住房建筑面积40.8平方米 [EB/OL]. （2017-07-06）[2019-12-12] http://news.youth.cn/gn/201707/t20170706_10235501.htm.

续表6-2

功能性活动及其对应指标	分散经营型	统一服务型	合作经营型	高度集中型
配套设施完善度	0.732	0.763	0.754	0.862
居住环境	**0.681**	**0.716**	**0.817**	**0.851**
生态环境状况	0.629	0.787	0.720	0.848
治安情况	0.777	0.867	0.711	0.853
社会保障	**0.128**	**0.412**	**0.424**	**0.451**
养老保险	0.804	0.857	0.811	0.827
医疗保险	0.999	0.989	0.999	0.999
农业技术培训	0.273	0.593	0.765	0.965
非农就业指导与培训	0.031	0.279	0.285	0.362
社区活动	**0.590**	**0.612**	**0.616**	**0.675**
社会关系网络	0.617	0.840	0.741	0.845
参与社区文化活动	0.502	0.497	0.507	0.573
参与社区公共事务	0.779	0.751	0.733	0.856
公共服务资源	**0.430**	**0.588**	**0.578**	**0.730**
教育质量	0.565	0.735	0.537	0.845
医疗条件	0.418	0.701	0.674	0.733
就业难度	0.364	0.473	0.557	0.679
心理因素	**0.533**	**0.619**	**0.651**	**0.690**
对贫富差距的感受	0.344	0.433	0.493	0.534
对生活状况总体满意度	0.670	0.773	0.835	0.830
对农村居民身份的认同度	0.584	0.784	0.735	0.772
对村干部的认同度	0.690	0.819	0.823	0.858
对集体主义及社会主义的认同度	0.744	0.867	0.706	0.884
总模糊指数	**0.376**	**0.584**	**0.593**	**0.625**

6.2.1 家庭经济状况

从家庭经济状况总体指标来看，其隶属度由分散经营型实现形式（0.520）、统一服务型实现形式（0.641）、合作经营型实现形式（0.671）、高度集中型实现形式（0.698）逐渐上升。由图6-1可知，分散经营型实现形式的恩格尔系数指标表现较差，农村居民收入的大部分用于购买蔬菜、粮食等食品，食品消费支出占生活总成本的比重较大，农民的生活福利水平偏低。统一服务型、合作经营型、高度集中型实现形式的恩格尔系数指标差异不大，其家庭经济状况指标的差异主要来自人均纯收入的差别。

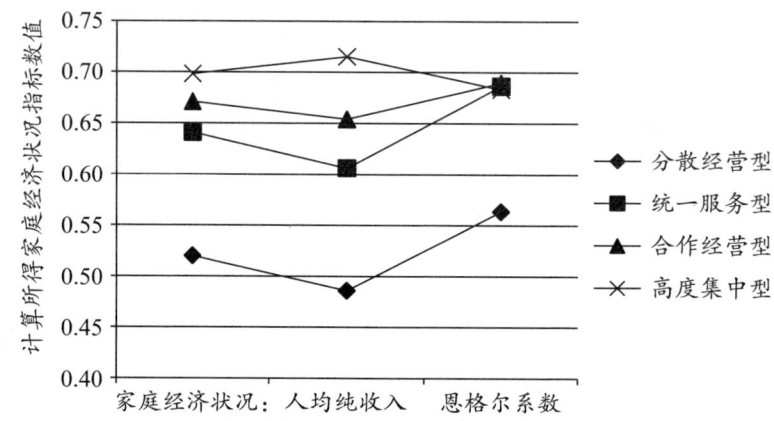

图6-1 不同农村基本经营制度实现形式下的家庭经济状况及其初级指标

调研发现，分散经营型实现形式下的农户主要从事自给自足的分散经营，栽种的农作物以水稻、玉米、小麦等传统粮食作物为主，农业经营以维持生计为主要目标，农业生产收益仅能勉强覆盖农业生产投入，比较收益低，因此农户家庭的经营性收入普遍低于其他实现形式。

统一服务型实现形式在农户家庭承包的基础上，与当地的合作社、农业企业等新型农业经营主体进行了部分生产环节上的合作，农业生产资料成本的降低、质量的提高或销售渠道的拓宽，都在一定程度上提高了当地农户经营农业的效益，因此农户家庭的经营性收入有所提高。

合作经营型采取土地等生产资料入股的形式扩大了生产规模，集中了农业资源，实现了规模经济。这种实现形式下的农产品经营范围也大幅扩展，不仅有传统粮食作物的合作生产，也有水果、蔬菜、花卉、苗木等经济作物的联合经营，在客观上提高了农户的经济效益。除此之外，股份合作的形式在增加农民家庭经营性收入的基础上，还能够为农户提供土地、劳动和资金的分红，增加其财产性收入。同时，在合作经营实现形式下，农户不仅能够始终保持对土地的承包权利，还能在较低的成本下获取固定的土地或资本收益；农村劳动力的转移就更加彻底，无须保持分散经营型和统一服务型实现形式下的兼业状态，从而获得大量的就业机会，农村居民的工资性收入也有所提高。

在高度集中型实现形式下，土地资源由集体统一经营，依靠强大的集体经济实力，农民不仅可以在村集体企业内务工获得较高工资收入，而且作为集体经济组织成员还能够享受较好的福利待遇和分红，因而总体收入水平较高。

6.2.2 居住条件及居住环境

从居住条件总体指标来看，其隶属度由分散经营型实现形式（0.421）、高度集中型实现形式（0.737）、统一服务型实现形式（0.749）、合作经营型实现形式（0.624）逐渐上升（见图6－2）。

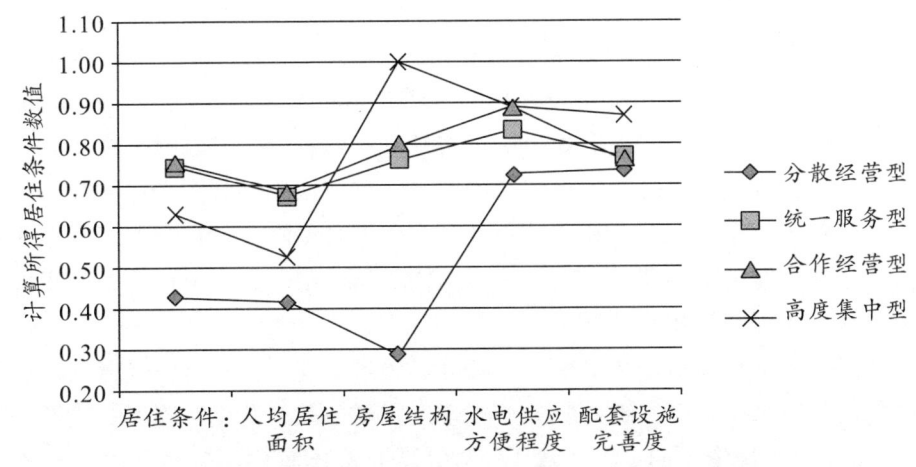

图6－2 不同农村基本经营制度实现形式下的居住条件及其初级指标

从人均居住面积指标来看，统一服务型实现形式与合作经营型实现形式的差异不大，因为这些地区普遍是经济发展水平较好的农村地区，农村居民有经济能力及客观条件建造较大面积的住房。高度集中型实现形式的人均居住面积低于前两者，可能的原因在于，这些地区的农户虽然具备相当的经济实力，但高度集中型实现形式的发展程度较高，接近城镇水平，村集体内部大多实行统一建房实行集中居住，对该实现形式的人均居住面积隶属度有所影响。分散经营型实现形式的人均居住面积指标数值最小，说明虽然在宅基地资源相对充裕的地区，农村居民不受建设用地稀缺性这一客观条件的限制，但由于经济实力的欠缺，导致其人均居住面积无法有效扩大。

从房屋结构指标来看，高度集中型实现形式的数值为1.0，这说明该实现形式下的农村居民居住的都是钢筋混凝土结构的房屋，原因如上所述，是由于村集体内部大多实行统一建房实行集中居住，或者是由于农村居民经济实力较强，能够依照邻近城镇建造现代式住房。合作经营型实现形式的现代住房比例略高于统一服务型实现形式，其原因也在于地区发展水平及农民收入水平二者能维持在一个相对高的水平。而分散经营型实现形式下的房屋结构指标数值明显偏低，可以说，房屋结构指标的低下较大程度地影响了分散经营型实现形式的居住条件总体隶属度。其原因在于，分散经营型实现形式存在于我国广大的传统农业地区，这些地区多分布于经济发展水平一般、区位条件不利的偏远地区，农村居民的房屋多为传统砖木结构，质量普遍较差。

从水电供应方便程度和配套设施完善度指标来看，隶属度均处于良好水平。这主要来自我国对乡村基础设施及公共服务建设工作的加强，2016年年末，建制镇建成区用水普及率达83.86%，燃气普及率达49.52%，人均道路面积为12.84平方米；集中供水的行政村比例达68.7%，进行生活污水处理的行政村达20%，进行生活垃圾处理的行政村达65%。① 在4种实现形式的基本类型中，高度集中型实现形式由于经济基础相对较好，其农村公共基础设施建设和公共服务能力较强，农村居民的水电供应方便程度和配套设施完善度都较高；合作经营型实现形式和统一服务型实现形式紧随其后；分散经营型实现形式由于集体经济基础薄弱和受到房屋结构类型的限制，水电供应方便程度和配套设施完善程度都相对较低。

从居住环境总体指标水平来看，高度集中型实现形式和合作经营型实现形式的居住环境水平较高，统一服务型实现形式与分散经营型实现形式稍低（见图6-3），这与理论预期不太一致。一般认为，高度集中型实现形式或合作经营型实现形式的地区由于离中心城区较近，噪声污染会相对严重，工业生产排放的废气和汽车尾气也会影响空气质量；而分散经营型实现形式或统一服务型实现形式的地区一般处于城市远郊，城镇化和工业化并未完全辐射到，绿化、空气及噪音状况都应优于其他实现形式。但实际情况是，分散经营型实现形式的地区存在化肥农药过量、畜禽粪便乱堆放、垃圾污水无处理、秸秆焚烧污染等问题，对农田土壤、农村水环境和农村空气质量造成了污染和破坏，恶化了这些地区农民的居住环境状况，导致这些地区的居住环境福利偏低。

---

① 住房和城乡建设部. 2016年城乡建设统计公报［N］. 中国建设报，2017-08-22.

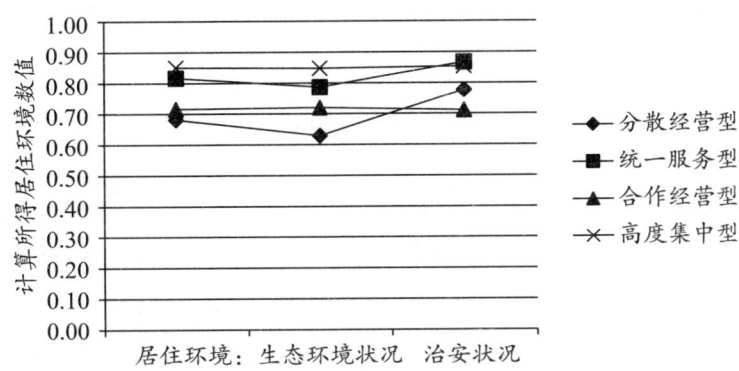

图6-3 不同农村基本经营制度实现形式下的居住环境及其初级指标

6.2.3 社会保障

从社会保障指标的总体来看，高度集中型实现形式（0.451）、合作经营型实现形式（0.424）、统一服务型实现形式（0.412）的社会保障状况没有明显差别，而分散经营型实现形式下的农户社会保障水平较差，仅有0.128（见图6-4）。

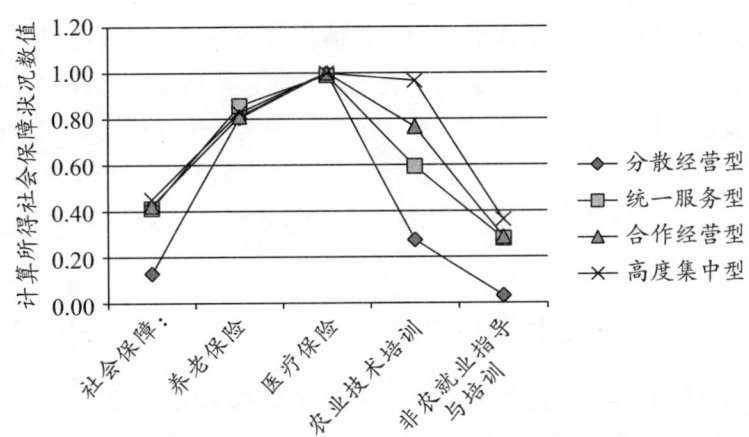

图6-4 不同农村基本经营制度实现形式下社会保障状况及其初级指标

从养老保险指标来看，4种实现形式类型的数值差异不大，均在0.8左右。其主要原因在于农村养老保险制度的实施在一定程度上减轻了农民的负担。虽然农村养老金不多，但也使农村居民年老时的基本生活多了一种保障。调研发现，参与农村养老保险的农民最低每个月能够领到养老金80元，最高的每个月能够领到养老金190元（在80元至190元之间，视地方而定）。因此，农村养老保险制度的实施总体上提升了农民的社会保障水平。

从医疗保险指标来看，4种实现形式类型的数值几乎都在0.999的水平，接近于1，说明农村居民参与医疗保险的比例非常高。这与我国深入推进社会保障制度改革，加快实施全民参保计划取得的成效紧密相关，我国基本医疗保险参保人数超过13亿人，覆盖率超过95%。[①]

从农业技术培训指标来看，高度集中型实现形式、合作经营型实现形式、统一服务型实现形式、分散经营型实现形式的培训参与度依次降低，这与当地的农业社会化服务水平相关。在分散经营型实现形式下，农户能够参与的农业技术培训一般由村集体或各级农技推广机构来组织，且农户的培训意愿相对较低，农业技术培训的供给和需求两方面都相对缺乏。统一服务型实现形式的统一服务能力有所增强，农业专业合作社、农业协会等主体能够承担一些培训功能，农户为了融入市场也更愿意接受技能培训。合作经营型和高度集中型实现形式的组织及号召能力更强，农户与市场的融入程度更高，对新技能的接受程度和掌握程度也高于其他实现形式，故参与农业技术培训的比例更大。

从非农就业指导与培训指标来看，4种实现形式类型的总体水平都不高，均在0.4以下。这说明虽然国家对农民工的职业技能培训越来越重视，相继出台了一系列的政策措施，但在执行过程中还是存在培训不足和效果不佳的现象。特别是在分散经营型实现形式地区，该指标仅为0.031，说明鲜有农民工接受过专业的非农就业指导与培训，农民工素质还亟待提高。同时，统一服务型实现形式、合作经营型实现形式和高度集中型实现形式的非农就业指导与培训指标相对较高，也从侧面说明，农村劳动力的有效转移和稳定就业是进行土地经营权流转、实施适度规模经营和实现多形式联合与合作不可或缺的重要前提。

6.2.4 社区活动及公共服务资源

社区活动的总体评价结果显示，合作经营型实现形式和统一服务型实现形式的农户社区活动差异不明显，隶属度为0.61，高度集中型实现形式的社区活动指标数值最大，达到0.675，分散经营型实现形式的数值略低，为0.59（见图6-5）。

[①] 中华人民共和国国务院新闻办公室. 中国健康事业的发展与人权进步 [M]. 北京：人民出版社，2017.

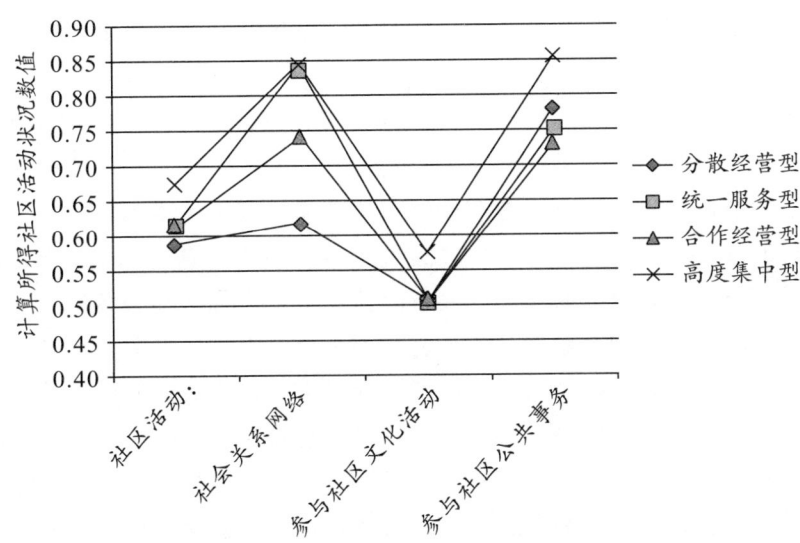

图 6-5 不同农村基本经营制度实现形式下的社区活动状况及其初级指标

从社会关系网络指标来看，当被问及"您觉得村里的邻里关系如何"时，统一服务型实现形式、合作经营型实现形式和高度集中型实现形式地区的村民普遍反映所在村庄邻里关系和睦，大家互帮互助，较少发生矛盾和纠纷。当被问及"您家里有事一般会找谁帮忙"时，在高度集中型实现形式、合作经营型实现形式和统一服务型实现形式中分别有59.3%、44.8%和47.6%的受访对象反映他们会寻求地缘（邻居、朋友、村里的能人大户、村干部）和业缘（同事、工友）帮助，说明除血缘和姻缘外，这些村庄的村民之间社会联系比较紧密。分散经营型实现形式下，该指标隶属度为0.617，与其他实现形式相比偏低，说明在这些地区由于农业生产生活联系较为松散，村民的社会关系网络主要局限于血缘和姻缘，地缘和业缘关系拓展较少。

社区参与分为文化参与和政治参与，如图6-5所示，4种实现形式类型的文化参与指标普遍偏低，差异较小，分别为0.502、0.497、0.507和0.573。这说明近年来我国农村的物质生活水平虽然不断提高，但精神文化生活却没能跟上时代的步伐。调研发现，农村文化阵地建设进展普遍缓慢，农民文化生活比较单一，大多以广场舞和自行锻炼为主，在经济发展水平和农民文化素质较高的地区，还能开展一些"小众化"的文化活动，如读书活动、诗歌比赛、书画比赛等，总体来说，当前农村文化活动的范围、档次和水平都普遍偏低。

不同实现形式的政治参与指标隶属度都较高，说明随着经济社会的不断发展，公众政治意识逐渐增强，政治素质得到一定提升，基层乡镇治理中农民政治参与的意愿和水平不断提高。其中，高度集中型实现形式下的农民政治参与度高于其他实现形式，原因有以下几个方面：一是经济因素。高度集中型实现形式中集体资产由全体成员共同所有，集体资产的组织、运营、分配和村民自身的经济利益切身相关，政治参与虽然需要耗费农民大量的时间和精力，[①]但其所获得的收益却是明确的。因此，这些地区的农民更愿意参与村庄的治理，而集体经济条件较差地区的农民则没有闲暇和条件去考虑政治参与的问题，自身也缺乏政治参与的物质基础。二是制度因素。由于高度集中型实现形式下农民进行政治参与的意愿较为强烈，在发展的过程中，这些地区形成了相对健全的政治参与运行机制和程序，能够保证农民利益表达的制度化渠道畅通，与其他实现形式相比，农民的政治参与的渠道比较广泛，农民制度化参与效率较高。三是文化因素。高度集中型实现形式下农村的教育水平和农民整体文化素质相对较高（平均受教育年限为 8.92 年），这进一步提高了农民政治参与能力。

从公共服务资源指标来看，其隶属度由高度集中型实现形式、统一服务型实现形式、合作经营型实现形式、分散经营型实现形式依次下降，这与一般逻辑相符，因为较高的经济发展水平意味着政府较强的财政公共服务投入能力，可改善一个地区的教育、医疗和就业资源，提高农户的福利水平。

6.2.5 心理因素

从心理因素总体指标来看，高度集中型实现形式的农户主观幸福感保持在较高水平，合作经营型实现形式和统一服务型实现形式紧随其后，保持在相当水平，分散经营型实现形式的农户心理因素稍差（见图 6—6）。

---

① 杨炼. 影响农民政治参与的四大因素 [EB/OL]. （2014-08-11）[2019-12-12] http://theory.people.com.cn/n/2014/0811/c40531-25441412.html.

6 农村基本经营制度实现形式的农村社会效应评价

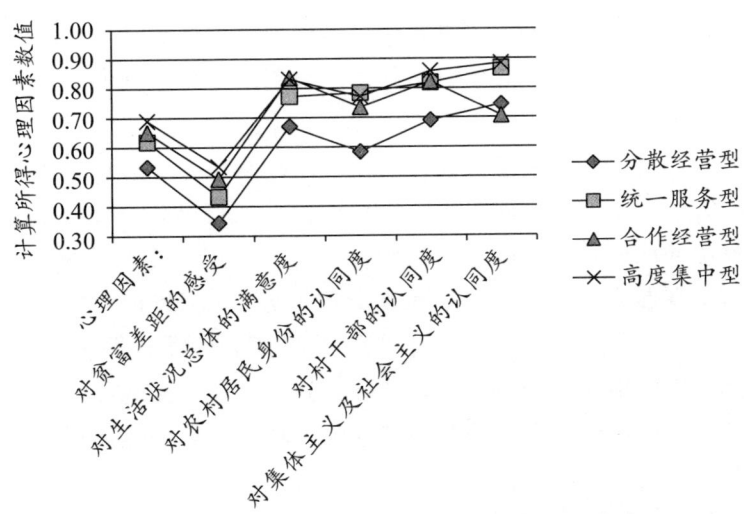

图 6-6　不同农村基本经营制度实现形式下的心理因素及其初级指标

对贫富差距的感受方面，从数据来看，农村居民对收入差距的感受较为强烈。其中，高度集中型实现形式由于普遍实行按劳分配，农民的直观感受更为公平一些。此外，集体经济组织成员能够享受较好的公共福利，进一步缓和了居民收入差距带来的冲突，因而在该指标的表现上优于其他实现形式。合作经营型实现形式采取按劳分配和按要素分配相结合的方式，因而成员之间出现一定的收入差异也符合一般逻辑。但总体上说，农村居民参与土地股份合作社或社区合作社的比例和范围较大，也不会出现贫富差距过大的情况。统一服务型实现形式中，当地的新型农业经营主体主要是农业企业、专业合作社等，这些经营主体的经济效益一般都明显优于普通农户，而它们与普通农户之间的利益联结方式通常是较为简单的土地租赁、技术指导、提供工作机会或订单合作形式，对于经济收益的分享程度不及前两种实现形式，故这种类型下的农村居民会感受到贫富差距。分散经营型实现形式下，虽然平均农户家庭纯收入的绝对水平（6 742元）明显低于其他实现形式，说明这些地区的农村居民收入水平普遍不高，但其对收入相对差距的感受也不佳，原因可能是，其对比的对象不是收入普遍偏低的本村村民，而是周边发展较好的村庄，这也从侧面反映出这些经济收入较低的农户内心强烈的落差感。

对生活状况总体的满意度方面，合作经营型实现形式和高度集中型实现形式的水平最高，在 0.83 左右，这是农户综合自身收入水平、居住条件、社会保障、公共服务资源等方面得出的主观感受。该指标直观地反映了农民对自身所处环境及生活状况的评价，说明合作经营型实现形式和高度集中型实现形式下的农户对自身生活总体满意程度较高,这与前文的评价结果一致。统一服务型实现形式下的农户生活满意度有所降低,分散经营型实现形式的农户生活满意度在四者中最低。

对农村居民身份的认同度方面,由于合作经营型实现形式和高度集中型实现形式下的农业生产效率和农民收入水平均较高,农户对"农民"这一居民身份或职业身份的认同感均较高。当被问及"您对农民这个身份感觉如何"时,合作经营型实现形式和高度集中型实现形式下分别有52.6%和26.7%的人回答"还不错",34.9%和63.8%的人回答"很好",说明这两种实现形式下的农村居民能够较好地实现身份的自我认同。分散经营型实现形式下的农户由于务农收益低、基础设施薄弱、公共服务资源欠缺而明显地感觉到与城镇居民之间的福利差异,对农民的身份认同度较低。

对村干部的认同度方面,由于高度集中型实现形式的集体经济组织实力较强、基层凝聚力较高,农户对村干部的责任心、能力、威信和号召力比较认可;由于按劳分配和高福利制度的实施,村民也能切实地感受到社会主义的优越性和集体主义的活力与实力。同样,合作经营型实现形式和统一服务型实现形式下的村干部由于经常要在农户之间进行沟通、实现合作,日常联系比较广泛。此外,集体组织与村民之间紧密的利益关系也在客观上要求这些地区实现基层治理体系和能力的规范化和现代化,因此农民对村干部的认同程度也较高。在分散经营型实现形式下,村集体经济组织的经济实力薄弱使得干群关系比较松散,村干部的号召力不足,同时,村民也可能因村干部无法带领他们走上致富道路而对其能力不太认可。令人欣慰的是,分散经营型实现形式下的农户总体心理因素指标相较其他实现形式偏低,但对集体主义及社会主义的认同程度却没有明显差异。虽然不及高度集中型实现形式和合作经营型实现形式的认同程度,但还能够和统一服务型实现形式保持相似水平,这说明农村居民虽然认为许多农业经营体制机制还有改进和创新空间,但对家庭承包经营的基本制度认可度依然较高。

6.3 小 结

本书在阿马蒂亚·森的可行能力框架下运用模糊评价法,从农户家庭经济状况、居住条件、居住环境、社会保障、社区活动、公共服务资源及心理因素7个方面评价了我国农村基本经营制度实现形式的4种基本类型下农户的福利情况,结果发现:从总体功能福利的情况来看,高度集中型实现形式的福利水平显著高于分散经营型实现形式,统一服务型实现形式和合作经营型实现形式之间的福利指数比较接近;从家庭经济状况、社会保障和心理因素来看,高度集中型实现形式、合作经营型实现形式、统一服务型实现形式的差异不显著,分散经营实现形式型表现相对较差;从居住条件、社区活动和公共服务资源来看,合作经营型实现形式和统一服务型实现形式的状况比较接近;高度集中型实现形式除了在居住条件外,其余各方面的福利表现均较好,特别是公共服务资源方面明显优于其他实现形式;分散经营型实现形式在农户福利考察的各方面表现都欠佳,特别是社会保障方面,明显劣于其他实现形式,说明广大传统农业地区的农村居民的生存能力和就业能力仍亟须保障和加强(见图6-7)。

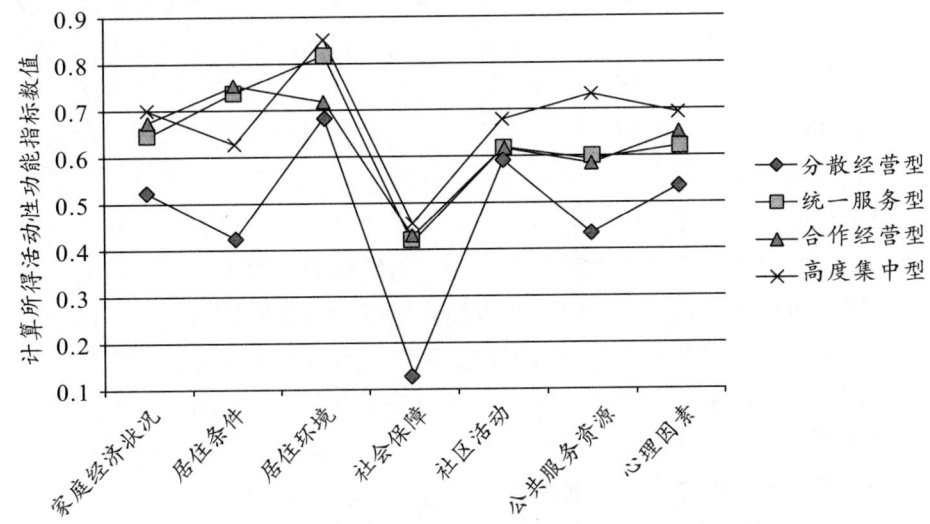

图6-7 不同农村基本经营制度实现形式下活动性功能指标

基于以上结论,本书提出以下建议:

(1)推动农户联合与合作经营,改善农民家庭经济状况。调研发现,分散经营型实现形式下的自给自足、小家小户式的农业生产方式难以获取较高的农业经营效益,农户的兼业化、弱质化不仅影响农户家庭经营性收入的获取,还会进一步影响农村居民更好地获得工资性收入及财产性收入。统一服务型实现形式、合作经营型实现形式和高度集中型实现形式都在不同程度上实现了农业经营不同环节上的联合与合作,有效改善了农村居民的家庭经济状况。而家庭经济状况会进一步对农村居民的居住条件、社会保障、社区活动和心理因素产生正面的促进效应。因此,要从整体上改善农民的福利状况,应抓住发展现代农业和提高收入水平这个"牛鼻子"。同时,通过培育新型农业经营主体、探索组织形式与合作方式创新、实现农业适度规模经营，还能增强集体经济组织经济实力和凝聚力，为改善农民居住环境、丰富社区活动、加强社会保障能力、加大公共服务投入力度和提升农村居民认同度打下牢固的基础。

（2）加大公共服务投入力度，改善农民总体福利水平。合作经营型实现形式和统一服务型实现形式下的农村居民家庭经济状况及其他福利功能性指标与高度集中型实现形式之间的差异均不明显，仅公共服务资源状况一项的水平较之偏低，说明这两种实现形式的公共服务投入力度还有进一步改善的空间。具体而言，可以从以下几个方面着手：优化配置教育资源，使农村居民子女能享受到现代化的优质教育资源；提高卫生资源的配置利用效率和可及性，提高乡镇卫生服务机构的基本公共卫生服务和基本医疗服务能力；推进公共文化设施建设，开展丰富多彩的群众性文化活动，丰富农村居民的精神文化生活，促使居民间建立良好的人际关系，增强其社区归属感。①

（3）加强社会保障能力，注重农民的农业技能及就业技能培训。在福利水平的各项功能性指标中，农村居民的社会保障水平明显偏低，严重影响了其总体福利水平。其中，社会保障能力的低下又主要是由农业技能特别是非农就业指导与培训的欠缺造成的，说明在农村劳动力转移的过程中，农民还缺乏稳定的就业能力和素质。因此，在农村基本经营制度的各种实现形式下，都应加强农业技能培训，提高农民接受和运用现代科学技术的能力，使农业不仅能够维持生计，还可以奔小康；同时，也要不断加强非农职业技能培训，加速农民向新型产业工人转化，提升农民在城镇就业的机会和能力，实现农村劳动力的有效转移，为实现规模经营、发展现代农业打下坚实的基础。

---

① 蒋和胜，费翔，唐虹. 不同经济发展水平下集中居住前后农民的福利变化——基于成都市不同圈层的比较分析［J］. 经济理论与经济管理，2016（4）.

7 农村基本经营制度实现形式的分类与总体评价

农村基本经营制度的不同实现形式是当地群众根据各地的具体情况及自身的愿望和要求创造产生的。它们形式多样、主体多元、经营方式各具特色，是我国农村基本经营制度未来发展的方向，4种基本类型的共性和特性值得我们总结研究、借鉴推广和进一步完善。

7.1 分散经营型实现形式的基本评价与发展方向

在农村基本经营制度设立之初，分散经营型实现形式历史性地解放了生产力，改善了农民的社会地位，激发了农民的生产积极性。然而，随着经济社会的发展，农业生产的内部及外部环境都发生了变化，分散经营型实现形式也表现出了一定的不适应性，需要我们对其进行完善和创新，解决农业、农民、农村的发展问题。

7.1.1 分散经营型实现形式的优势分析

分散经营型实现形式的建立起源于1978年年底开始的农村家庭承包责任制的制度创新，它直接发端于基层，以农民为制度变革的行动主体，在产权与分配制度的设计和安排上，基本符合农民利益的需要。① 分散经营型实现形式最大的成功在于重建了农户经济，形成了一套有效的激励机制，为工业化、城市化和国民经济发展奠定了微观基础。具体表现在以下几个方面。

（1）符合农业生产的特点。分散经营型实现形式以家庭经营为基础，其制度安排非常符合农业生产的特性。一方面，农业生产是一种以生命适应生命的复杂过程，其劳动对象是有机生命物，农业活动的主体必须具有强烈的责任心，根据生物需要的指令来做出有效反应。另一方面，农业生产具有季节性特

---

① 刘笑萍. 论我国农村基本经营制度的演变与创新［J］. 经济地理，2009（2）.

点，其生产时间与劳动时间往往不一致，这要求农业劳动者能够灵活、自主、随意地利用劳动用工时间，而家庭经营具有灵活的信息决策机制，可以通过分工相互默契地进行劳动的协作与生产事务的协调，很好地适应了上述特点，是一种最佳的制度选择。①

（2）内部交易费用低。农业生产劳动的数量与质量是难于精准计量与核定的，与最终产品之间的关系也难以保持一致，从而，根据劳动者的劳动量分配产品的困难也难以避免。②而家庭经营制度的安排非常灵巧，它依靠血缘关系和姻缘关系联结和组合而成，具有内置的经营控制权与剩余索取权关系，几乎能以零成本解决农业劳动质量问题，也无须专门设置激励与约束机制，有效节约了组织与监督成本。③

（3）灵活性和适应性较强。分散经营型实现形式的发展弹性极大，可以根据生产力的发展和生产关系的变化不断调整。只要条件适宜，也能适应社会化分工和市场经济发展的需要，在统分结合的具体形式和内容上有很大的灵活性，可以与多种经营形式相结合。④可以说，我国农村基本经营制度实现形式的创新，如统一服务型实现形式、合作经营型实现形式等都是在分散经营型实现形式上发展起来的，都要与分散经营型实现形式建立紧密联系，都是对其的拓展和补充、延伸和发展。

（4）符合社会主义制度本质规定性的内在要求。我国农村基本经营制度既不同于西方国家土地私有制下的农业资本主义经营制度，也不同于某些国家土地集体所有、集中统一经营的农业经营制度，而是一种具有中国特色的农业经营制度。在农业生产力不发达、不具备集中统一经营条件的地区，分散经营型实现形式赋予了农民赖以生存的基本权利，保障了其最基本的生活来源和生存条件，体现了我国社会主义制度的优势。

总的来说，分散经营型实现形式是我国农村基本经营制度最基本的实现形式，它具有许多不可比拟的优势，其在现实运行过程中暴露出来的某些缺陷，更多的是受制度之外的经济变量的约束。从内在本质来说，以家庭承包经营为基础、统分结合的双层经营体制所表现的制度绩效是难以估量的，需要毫不动摇地予以坚持。

---

① 王武瀛. 中国农村基本经营制度再创新的现实必然性与路径依赖 [J]. 云南社会科学，2009（4）.
② 郑景骥. 不可否定农业的家庭经营 [J]. 财经科学，2001（1）.
③ 刘笑萍. 论我国农村基本经营制度的演变与创新 [J]. 经济地理，2009（2）.
④ 李谷成，李崇光. 十字路口的农户家庭经营：何去何从 [J]. 经济学家，2012（1）.

7.1.2 分散经营型实现形式的弊端分析

分散经营型实现形式的发展历经了近 40 年，也逐渐显露出其弊端和缺陷，如导致农业生产方式落后，农民收入增长缓慢，城乡差距不断扩大，农户的超小规模经营难以适应大市场要求等。

（1）小规模经营方式导致农业生产力低下。在分散经营型实现形式下，农户多以一家一户的方式经营着小规模的土地，农业生产结构单一，机械化程度低，技术运用程度有限，制约着农业生产力的发展。

（2）农业收益和农民收入水平提升困难。分散经营型实现形式下，农户的传统耕作方式与提升经营水平、发展高效农业之间有较大障碍。由于土地经营规模狭小、细碎化程度高及其封闭性利用，"种田落口粮"的小农观念对农民的行为习惯产生长期影响，农户普遍缺乏扩大土地经营规模和增加农业投入的信心，制约了高效规模农业的发展和农业结构的调整，农民增收存在困难。

（3）外部交易费用过高导致"小生产"与"大市场"不适应。随着市场经济的发展，农户自给、半自给的生产逐步转变为以市场需求为导向的生产，农产品商品率随之提高，农业生产者对市场信息的反应能力也逐渐增强。然而，千家万户的分散经营方式仍然缺乏市场导向的调整，农民组织程度低，准确、充分、及时地捕捉市场信息的能力差，不利于稳定农民心理预期和增加农业投入，也不利于稳定农产品供给和提高农业生产能力。

（4）农村社会发展乏力，不利于实现城乡发展一体化。分散经营型实现形式无力解决城乡差别问题。一方面，无法缩小城乡贫富差距。农民收入普遍偏低：由于采取小规模分散经营方式，因此农业经营比较效益低下；由于采取兼业经营方式，农民被圈固在土地上，无法实现劳动力的完全转移，因此家庭工资性收入不高；由于土地财产功能未被激活，无法将土地转变为资产，因此农民财产性收入来源较少。除了农民持续增收的困难，其财富积累途径更是困乏，导致其无法获得充分的发展机会。另一方面，不利于解决城乡差异。在分散经营型实现形式下，村集体经济组织的经济实力普遍薄弱，集体经济组织"空壳化"现象严重，其"统一经营"功能被虚化、弱化，村级公益事业开展能力和公共服务供给能力不足。大部分农村地区在基础设施、居住环境、社会治理、文明程度等方面均与城市有较大差距，成为全面建成小康社会的"短板"。

7.1.3 分散经营型实现形式的发展方向

分散经营型实现形式是我国农村基本经营制度最基本的实现形式，也是我国农村地区最为普遍存在的一种实现形式，在其广泛存在的地区有以下一些共同特征。

(1) 所在区位、资源优势不明显。村庄的区位、交通优势不明显、远离中心城镇，同时，也不具备能够产生一定优势的产业和生产优质农产品的优越气候及地理条件，缺乏实现农业产业化经营和农村经济发展的先天物质条件，这些经济较为落后、交通与信息相对闭塞的偏远农村地区，适宜继续实行分散经营型实现形式，它们暂时难以在市场机制下获取外部支持的发展基础。但因其特殊的地理位置，往往可能潜藏着一些资源特色未被发掘。因此，这些地区在实施分散经营型实现形式的同时，可以注重保护区域生态环境，深入挖掘特色资源，寻求发展生态农业产业化的可能性。

(2) 农民非农就业和社会保障不稳定。农地对农民具有重要的保障功能，如就业保障、社会保障等，其功能价值是直接经济效用的数倍。[①] 在农村周边工业化及城镇化欠发达、非农就业比重偏低、农户人均教育水平偏低、非农就业和非农收入不稳定、非农资产比重偏低、农村社会保障体系弱的地区，土地所承载的就业与社会保障功能无法被替代，有必要继续将分散经营型实现形式作为当地农村基本经营制度的实现形式。在不完善的非农就业环境和社会保障制度下，如果土地流转和农业经营一旦出现风险和波动，那么农民就会失去基本的生存保障，不利于农村社会的稳定。

(3) 农村基层组织凝聚力相对较弱。在一些传统农业村庄，由于村集体经济积累比较薄弱，村基层组织软弱涣散甚至处于瘫痪状态，村干部整体素质偏低，思想和观念相对陈旧，没有开拓创新精神，缺乏懂经营、善管理、有公信力的人才，与村民之间的社会联系也不强，创造力和凝聚力不足，这些地区实现农村基本经营制度创新的难度较大。因此，在形成制度创新所需的环境条件、行动团体和非正式制度特征之前，比较适宜实行分散经营型实现形式。

当然，既要看到分散经营型实现形式的积极历史作用和它在生产力水平低的地区存在的长期性，又要看到随着生产力的发展，引导这种实现形式不断向其他更高阶段和水平的实现形式转变及发展的必然性。也就是说，在实行分散

---

① 赵光，李放. 非农就业、社会保障与农户土地转出：基于30镇49村476个农民的实证分析 [J]. 中国人口·资源与环境，2012 (10).

经营型实现形式的地区,并不意味着从此故步自封、任其发展,也要通过加强农业基础设施建设、合理开发利用资源、加强政府的先期扶持与引导,为农村基本经营制度实现形式的进一步创新创造条件。

7.2 统一服务型实现形式的基本评价与推广途径

在农业现代化发展过程中,产业化分工催生了统一服务型实现形式。在该实现形式下,农业龙头企业和专业合作社等经济组织不断涌现,演化出了多种经营模式,缓解了市场化程度低、农民组织化程度低和生产要素配置规模化程度低等矛盾,值得推广。但同时也面临交易人格化、规模扩大有限和组织的稳定性等问题,需要进一步完善。

7.2.1 统一服务型实现形式的优势分析

从总体上看,统一服务型实现形式提高了农户与市场的对接程度,有利于提升农业生产率,有利于农民分享农业产业化过程中的增值收益,增加农户收入。具体来说,体现在以下几个方面。

(1) 有利于节约外生交易费用。在传统的分散经营型实现形式下,农户和市场均面临较大的交易费用。如在众多生产者中搜寻合乎其要求的农产品、逐个与农产品生产者签订合约并监督其履约的成本较高,还要承担缔约后可能出现机会主义行为的风险。而在统一服务型实现形式中,通过建立"经营组织+农户"的生产模式,以组织替代市场,扩张组织边界,将产、供、销、种、养、加、农、工、贸等不同生产经营环节的市场交易变为组织内部的交易,[①]从而克服市场缺陷,节约交易费用。

(2) 有利于扩散专业化效应。在统一服务型实现形式下,专业化生产降低了生产成本,提高了经济效益。统一服务型实现形式的制度安排可以从以下两个方面实现农业生产的专业化。一方面,部分农业劳动者根据龙头企业或农业专业合作社的合作需要,专业从事某种农产品的生产,摆脱"小而全"的行为习惯,并形成区域化的专业村、专业片。另一方面,随着生产过程各个环节分工的进一步细化,各经营主体进一步分化,部分专业农户、专业协会和企业专门提供生产资料的供应、农产品的加工和运销以及农业技术的推广等服务;各

---

① 宋洪远. 改革以来中国农业和农村经济政策的演变[M]. 北京:中国经济出版社,2000.

经营主体仅从事生产中的一部分，农业的生产、经营和服务进一步专业化。①

(3) 有利于获得农业经营效率和经济效益。② 首先，统一服务型实现形式可以在一定程度上扩大生产规模，产生规模经济效益。其次，统一服务型实现形式可以提高劳动生产率，即同样的工作量仅需更少的劳动者就能完成，从而增加了经济效益。最后，统一服务型实现形式能实现农业区域专业化，这不仅有利于扩散农业科学技术，促进农业提质增效，还可以拓展农业产业链，提升农业增收的速度和规模；同时，还可以利用地区产品的独特优势，不断扩大市场额度和交易量，以获得额外利润。

7.2.2 统一服务型实现形式的弊端分析

统一服务型实现形式是一种有效的制度供给，一定程度上满足了产业化规模经营的要求，促进了农村土地的集约利用，但是仍然在资本运行、市场流通、信息获取与技术运用等方面存在不足，契约内生风险和信誉机制失效也造成合约的约束力不足，交易主体不能结成稳定的利益共同体。具体来说，统一服务型实现形式存在的制度瓶颈体现在以下几个方面。

(1) 没有从根本上解决小规模农户与大市场衔接的矛盾。在统一服务型实现形式下，农户虽然参与了农业产业链分工，但参与方式往往是订单农业（普通农户根据订单需要提供初级农产品）。由于市场势力不对等和农产品的易损性质，农户在产业链中处于被支配地位，其议价和谈判的能力较弱。

(2) 交易人格化特征制约农业经营规模的扩大。农业经营组织之间利益联结机制不健全，表现出强烈的交易人格化特征。在农业生产过程中，自然力等不可抗拒因素会产生重要影响，加之信息的不完全和不对称，契约缔结双方无法准确预见未来的市场及价格变化，也难以对契约条款进行详尽规定，从而使许多交易缺乏正式契约的约束，多以关系治理为主；即使签订了正式契约，也往往是存在很大公共领域的不完全契约，对当事人的约束作用有限。由于违约成本较低，契约缔结双方都受机会主义的负激励，倾向于将生产风险和市场风险转嫁给对方。长此以往，违约行为难以认定、信誉机制缺失和法律成本高昂，往往导致交易双方缩减专用性投资规模，以控制风险和避免被"锁定"③，

---

① 牛若峰，夏英．农业产业化经营的组织方式和运行机制［M］．北京：北京大学出版社，2000．
② 杨明洪．农业产业化：作为一种契约型组织的效率及其决定［J］．四川大学学报（哲学社会科学版），2002（4）．
③ 胡冬生，余秀江，王宣喻．农业产业化路径选择：农地入股流转、发展股份合作经济：以广东梅州长教村为例［J］．中国农村观察，2010（3）．

制约了生产规模的扩大。

（3）内部交易费用的不当增长影响组织的稳定性。由于农业生产的低可控性、高不确定性和高风险性，生产过程与结果也难以有效计量和监督，统一服务型实现形式中隐含较高的协调管理成本。产业化组织和农户都不得不耗费大量的人力物力对对方进行监督，组织运作成本相应提高。当利益受损的积累程度超出某一方的承载范围时，双方就需要重新谈判和缔约协议。当这种成本超过市场交易成本时，组织的解体就在所难免，统一服务型实现形式的存在基础也随之丧失。

（4）农业技术运用程度和社会化服务范围有限。由于缺乏风险共担机制和稳定预期，龙头企业、专业合作社等农业经营组织进行技术指导和管理服务的范围和能力受到限制，大多数普通农户仅对传统生产方式进行了边际性改良，片面追求农产品的产量而忽视质量，抵御自然灾害和市场冲击的能力仍然薄弱。

7.2.3 统一服务型实现形式的推广途径

统一服务型实现形式是新形势下农村基本经营制度的一大创新，但是其运作需要符合一定的条件，其推广需要遵循一定的途径。适宜形成统一服务型实现形式的地区，往往是农业产业化经营正要起步或刚刚起步的地区，经营制度的转变和演进需要花费不少的时间和资源。因此，有必要引导农业产业组织演进，给农业经营主体选择和调整组织形式创造条件，从而促进统一服务型实现形式的产生和发展。

（1）以市场为导向，确定农业主导产业。在适宜推行统一服务型实现形式地区，应充分挖掘当地资源潜力，开发具有经济前景的农业产业，明确发展方向：全面分析与预测区域农产品市场，对短期、长期的市场需求与市场容量有明确、清晰的认识；确定农业主导产业，调整农业产业结构，有计划地扩大主导产业规模，有针对性的加大资金、人力、技术等现代生产要素的投入；进行资本的积累，合理扩大投资，为农业横向发展或延伸农产品纵向环节提供基础。

（2）尊重主体创造力，合理选择发展模式。农户、合作社和企业是农村基本经营制度变迁的主体，其对产业化经营收益的追求是农业经营制度变迁的根本原因，因此必须充分尊重农户和企业的意愿。不论是公司带动型（"公司+农户"）、市场带动型（"专业市场+农户"），还是合作经济组织带动型（"合作社+农户"或"公司+合作社+农户"）、专业协会带动型（"专业协会+农户"

模式,都必须顺应制度演进的方向和要求,保护农业经营主体的自主选择权,在最容易取得突破的方向上找到产业和组织模式的最佳组合。

(3) 提供相关制度供给,促进农业产业化组织自我演化。各级政府要及时识别农村基本经营制度变迁的动向,合理引导其演变的路径,并适当推广较为成熟的组织形式和模式,完善相应的制度供给。产业化组织的形成不仅包括农业生产经营方的变革,还涉及农地产权制度、要素流动机制等多方面的内容。因此,要实现农业产业化经营组织的自我演化,还需要从土地制度、法律制度、资金管理、人才培养等多个方面予以支持,形成完善的制度创新环境,将外部动力内部化。

(4) 建立农户和产业化组织间的协调机制。在统一服务型实现形式的建立过程中,还需要基层政府发挥其信息和信誉优势,建立起农户和产业化组织间的协调机制。具体的方式可以是:在建立之初,以政府招商形式寻找企业等产业经营组织,增强双方合作意愿;在谈判过程中,为双方提供法律和信息咨询服务,提高参与者的信任程度;在运行过程中,以政府信誉提供担保,协调解决管理问题,促进中间组织的形成和发展。①

7.3 合作经营型实现形式的基本评价与推广途径

合作经营型实现形式在一定程度上实现了农业生产效率目标、农民增收目标和集体福利目标的统一,有利于劳动力转移及其收入的稳定增长,保障了农民分享农村土地流转过程中的土地增值收益。在具备这些制度收益的同时,制度中存在的一些缺陷也需要弥补。同时,合作经营型实现形式也不适用于所有地区,只有具备特定条件的区域才适合实施和推广。

7.3.1 合作经营型实现形式的优势分析

合作经营型实现形式通过产权安排和合作方式的改进,既能促进合作关系规范化、经济纽带稳固化、组织形式现代化,也有利于增加合作绩效和合理分配剩余,从而稳步促进农业走向现代化。

(1) 促进了公平与效率的有机结合。合作经营型实现形式通过对农地价值资产与实体资产的分解,实现了公平与效率的有机结合。在农地实体经营中,实行土地规模经营,追求效益最大化,体现了效率原则;在农地收益分配中,

---

① 蒋永穆,高杰. 我国农业产业化经营组织的形成路径及动因分析[J]. 探索,2012 (3).

每个农户均能获得相应股权,参与结果分配,体现了公平的原则。合作经营型实现形式下的农地产权制度,既保证了集体所有制性质,解决了主体虚置问题,也赋予了农民更加稳固和强化的承包权,使之能够充分支配和参与农地收益的分配。①

(2) 实现了激励与约束的有机结合。在合作经营型实现形式下,不同经济主体为了实现自身利益目的最大化,积极主动地参与治理过程:一方面,农民作为股权持有者,为了实现红利最大化,必定十分关心集体财产的运营状况,与其他经济主体间形成相互制约的机制;另一方面,经营者的个人声誉、经济利益都与其经营成果直接相关,必然形成有力的激励机制,促使其竭心尽力地经营集体资产。

(3) 实现了低成本与高收益的有机结合。合作经营型实现形式既在集体所有制的前提下提高了土地规模的配置效率,又对农业经营主体产生了强力的激励机制,同时还有利于集体经济组织发挥统一经营的功能。总的来说,合作经营型实现形式具备较高的制度效率,实现了低成本与高收益的有机结合。从基层政府和村干部的角度看,合作经营型实现形式促进了地方经济的蓬勃发展。从个体农民的角度看,他们不仅得到了额外的二次分配收入,也从过去的小规模农业生产中解脱出来,获得了更好的就业机会和更高的非农收入,提升了经济收入水平。从新型农业经营主体的角度看,他们既获得了明确的市场主体地位,又巩固了其获取农地经营收益的权利。

7.3.2 合作经营型实现形式的弊端分析

尽管合作经营型实现形式是促进土地流转、加快转变农村发展方式的重要手段,是创新和完善农村基本经营制度、加快现代农业发展的迫切需要,但是它也存在一些缺陷。

(1) 开放性和公平性之间的权衡问题。合作经营型实现形式多以社区农村集体经济组织为载体,承载着生产经营、社区服务、公益事业建设和管理等多重职能,因而十分注重公平性。为此,股份合作社在进行制度设计时一般都依据《中华人民共和国农民专业合作社法》的规定,对出资额或者与本社交易额较大的社员享有的附加表决权进行限制,不得超过本社成员基本表决权总票数的20%;同时,为了避免以土地经营权入股的集体成员产生误解,对于技术、

---

① 胡冬生,余秀江,王宣喻. 农业产业化路径选择:农地入股流转、发展股份合作经济:以广东梅州长教村为例 [J]. 中国农村观察,2010 (3).

知识等无形资产的参股与分红也限定在一定范围内,从而不得不牺牲开放性以保证相对公平,这可能会削弱社会资本和专业技术人才参与合作社的积极性,增加合作社资金筹措和技术创新的困难。

(2) 个体收益的提高导致组织经营成本的增加。尽管合作经营型实现形式保障了村民内部利益分配的公平性,但由于农民拥有的股权在很大程度上是一种单纯的福利分配权,福利成分偏重,很多长期脱离农村土地的农民仍然保留着农民身份,只要保有成员权就享有土地收益权,导致耕作成本提高,影响长远发展。收益保底、盈利分红的分配制度也会使收益分配与实际经营绩效脱节,增加了组织的经济压力。

(3) 若遭遇经营风险可能引发潜在社会成本。合作经营型实现形式下,农村土地采取统一经营的形式,农民实际上不占有土地的支配权,而是占有一种收益股权,即土地物质权利的货币化。但这种收益股权是否稳定,在很大程度上由土地股份合作的经营状况决定。如果合作社运行良好,则农民收益较为稳定;合作社一旦发生连续亏损,农民的分红收益则得不到保障,短期内也无法收回自己原有的承包地,若处理不当可能引发潜在社会成本,因此该实现形式对合作组织的经营能力和经营效益要求较高。[①]

7.3.3 合作经营型实现形式的推广途径

合作经营型实现形式能够带来多重的制度效益,其推行需要充分考虑当地条件,始终坚持基本原则,合理采取推行路径。实现合作经营型实现形式在适宜区域的稳步推进,需要及时抓住发展契机,灵活采取组织形式和经营方式,不断创造条件。

(1) 要理性分析区域情况,抓住契机进行推进。合作经营型实现形式的创新是一项系统性和政策性很强的工程,在实际工作中,最好能够以一定项目为依托进行推进:一是可以以推进农地"三权分置"改革为契机,完善集体土地产权制度;二是以实施高效农业项目为契机,提高土地规模经营水平;三是以劳动力转移为契机,规范农村土地流转;四是结合农业开发项目实施、特色农产品基地建设、农业企业的配套基地建设等,引导农民开展股份合作。

(2) 要因地制宜采取不同的组织形式。合作经营型实现形式以股份经济合作组织为重要依托,在现实中,可以根据各地不同情况采取以下 3 种合作形式:一是股田制,即对农户的承包权设置股权,折价入股,对入股土地进行综

---

① 金丽馥. 新时期农村土地股份合作制探析 [J]. 当代经济研究, 2009 (1).

合规划和开发利用，入股农户按照股权参与分红；二是村股制，即按村或村民小组将集体所有的土地和经营性资产全部折股量化到个人，分设土地股和集体股，股民收益按股保底分红；三是混合制，即以土地、资金、技术等共同组建股份合作组织，同股同权，同股同利。

（3）要不断创新多元化农业经营方式。合作经营型实现形式将农村土地整合后，具体的农业经营方式可以是多样化的：一是自主经营，即由合作社统一经营、由本社社员承包管理的内部经营方式，同股同利，风险共担；二是委托经营，即把合作组织的生产经营业务委托给第三方，职业经理人或农业经营公司由股东代表大会议定或招标确认，股民不直接参与经营管理；三是合作经营，即以土地参股组建新的股份合作社，由新组建的合作社选择经理人，股民参与经营管理，优先务工，分配方式为保底分红。

（4）进一步解放农村劳动力，促进非农转移就业。合作经营型实现形式发展的重要条件之一就是村集体组织成员具有较高的非农收入和相当的非农就业能力。只有在这样的基础上，农民才愿意放弃对农村土地实物形式的占有权，转为对农地资本形式的收益权。因此，要积极解决农民第二、三产业的就业问题，在本地开展非农职业技能培训，有条件的还可在外地建立就业基地，为村民外出务工创造便利条件。

7.4 高度集中型实现形式的基本评价与推广途径

高度集中型实现形式奠定了集体经济组织存在和作用的经济基础，既维护了农村基本经营制度的稳定性，又促进了农业生产方式的转变，有助于促进农民各项权益的实现和有利于新农村的建设与农村社会的治理。

7.4.1 高度集中型实现形式的优势分析

高度集中型实现形式主要来自一体化经营，与其他实现形式不同，它先天具备了集体土地和农户的完整性与统一性。在这个基础上联合其他生产要素进行统一经营和管理，自然内生出规模性、协作性与稳定性，能够有效提升资源配置效率，降低交易成本，提高经营收益，增进农民福利。

（1）一体化合作有利于实现规模经济、范围经济。正如科斯指出的，产权制度决定了经济效率，不同的产权制度具有不同的激励和约束作用，从而导致不同的资源配置效率。高度集中型实现形式以集体经济组织为依托，其强大的号召力和组织力更能有效地实现区域内土地、劳动力等要素的优化配置，规模经济、范围经济效益显著。集体统一规划土地、选择品种、推广技术和销售产品，这有利于生产结构的升级和产业链的延伸，实现专业化、规模化、集约化和社会化经营。

（2）一体型治理结构有利于降低交易成本。高度集中型实现形式下，村集体经济组织拥有土地及其他资产较完备的所有权、指挥权和管理权，结合其资本及技术优势，可以形成纵向一体化的组织治理结构，这种组织结构在降低内部交易成本方面具有独特优势。具体来说，在高度集中型实现形式下，原来由众多农户各自行使决策权的分散决策机制，变成由集体统一行使决策权的集中决策机制，集体行动能力和谈判能力极大地节约了与其他主体的谈判成本；农民与集体的利益和目标具有高度一致性，各利益主体之间博弈均衡，各利益主体受到的激励也很强，有效地降低了农户与集体、集体与市场之间的交易成本[①]，从而产生较高的经济效率。

（3）经营收益留存内部，有利于共同富裕。高度集中型实现形式下的资产集体所有、土地集体经营、利益集体分配，其一体化的运作能够有效地将经营收益留存在集体内部，不仅为农业增产、农民增收奠定了基础，还为村庄的社会事业发展提供了财力支持；不仅实现了集体生产功能的复归，还实现了集体经济管理功能的复归。在提升总体经济水平的前提下，集体内部特定的分配制度还在注重效率目标的基础上更加注重公平目标：在效率目标上，体现多劳多得，合理差别；在公平目标上，社会福利按人头分配，实现了人人平等，共同富裕。[②]

7.4.2 高度集中型实现形式的弊端分析

高度集中型实现形式实现了规模化经营，实现了组织成员内部的平等与共同富裕，推进了农村工业化、城镇化、农业现代化进程，推动了农村经济社会的全面发展。但与此同时，高度集中型实现形式也不可避免地存在一些问题。

一是村干部权力集中的问题。高度集中型实现形式带有强烈的能人色彩，村干部在发展集体经济、带领村民共同致富的过程中，逐步获得了农民群众的广泛认可和信任，积累了个人荣誉和威信，也集中了大部分权力。不可否认的是，把分散的人力、物力、财力集中起来，能够集中办一家一户分散经营办不

---

① 胡冬生，余秀江，王宣喻. 农业产业化路径选择：农地入股流转、发展股份合作经济：以广东梅州长教村为例 [J]. 中国农村观察，2010（3）.
② 彭海红. 中国农村集体经济实践形式探析 [J]. 新视野，2011（4）.

了、办不好、不好办的事情。但统一经营离不开集中决策，在实际的运行过程中，往往很难把握好集权和分权的"度"，可能出现决策失误等问题。

二是内在激励不足的问题。在高度集中型实现形式中，集体成员将集体资产的所有权、经营支配权等委托给集体组织及其领导干部，他们作为集体成员的代理人行使经营支配权。在现代企业制度中，这种"委托-代理"关系可以通过增加代理人持股、实施报酬激励计划等措施实现委托人和代理人的利益一致性。但与之不同的是，在高度集中型实现形式下，生产资料具有公有制属性，全体成员平等享有所有权，也平等享有收益分配权。这决定了管理人员和普通成员之间只有劳动分工的差异，薪酬、收入上没有太大的不同。但高度集中型实现形式下的管理人员当其认为个人经济利益和集体组织剩余之间没有紧相关的关系时，就有可能产生管理层内在激励不足、经营效率不高、责任意识不强等问题。

7.4.3 高度集中型实现形式的推广途径

任何一种制度都有其产生和发展的过程，高度集中型实现形式也不例外，其产生和发展有一定的范围和条件。对于高度集中型实现形式的产生和发展来说，良好的集体经济基础是前提，村庄精英及领导团队的形成是关键，健全的村民自治制度/民主议事制度是保障。

对于具备以上基本条件的地区，需要及时总结既有经验，根据当地客观条件，踏实地推进高度集中型实现形式的产生和发展。

（1）广泛征求集体成员的意见，充分尊重村民的主观愿望。高度集中型实现形式的主要特点是集体所有，集体经营，不实行家庭承包责任制。要建立高度集中型实现形式，不能强制村民交出承包地，也不能强制剥夺村民的土地承包权，必须在广泛征求村民意见的基础上，民主讨论决定是否收回土地统一经营；只有建立在民主和自愿的前提下，集体经营的实践才能获得充分的民意基础，高度集中型实现形式才能健康发展。

（2）明确制定集体经济发展规划和路线。高度集中型实现形式的持续发展要以集体经济的壮大为根本的物质保障。因此，必须不断壮大和发展集体经济，立足自身优势和资源禀赋，合理制定发展规划，明确具体实施路线，切实采取有效手段，通过发展某一种或几种产业来实现集体资源、资产、资金的升值保值和集体组织成员的增收致富。只有集体经济发展了，才能解决村民的口粮和就业问题，减弱土地对农民的就业功能和社会保障功能，减弱农民对土地的禀赋效应，实现土地回收的平稳和顺利实现。同时，也能让广大农民体会到高度集中型实现形式的制度优势，自觉、积极地参与到集体经营中来，保证高度集体实现形式运行的稳定和活力。

（3）建立有效的管理方式和激励约束机制。高度集中型实现形式的运行框架基本建立后，能否持续稳定发展，关键取决于内部管理。虽然该实现形式形成的前提之一是具有高尚品德且有较强能力的村治精英，能够站在集体利益和村民利益的立场上规范自己的行为，但相应的制度建设也不可或缺，因而建立完善的民主管理体制和激励约束机制是不容忽视的重要环节。一方面，通过明晰农村集体、农民个人和其他各类经济主体的产权关系，明确权能边界、合作形式和利益分配方式。另一方面，通过制定完善的民主管理制度、民主选举制度、民主决策制度、民主监督制度、生产管理制度、财务管理制度和收入分配制度，保障人民当家做主，充分发挥广大农民在集体经济管理和发展中的主体作用。

7.5 小　结

本章主要研究的问题是对不同农村基本经营制度实现形式进行总体性评价，包括不同的农村基本经营制度实现形式各自具有什么样的优势和劣势；对于不同的农村基本经营制度实现形式，在实际运行过程中应该如何进行推广。围绕这些问题，本章的内容按以下框架展开。

对分散经营型实现形式的优势、劣势和发展方向进行分析。①分散经营型实现形式的优势在于：符合农业生产特点，内部交易费用低，灵活性和适应性较强符合社会主义制度本质规定性的内在要求。②其劣势主要表现在：小规模经营方式导致农业生产力低下，农业收益和农民收入水平提升困难，外部交易费用过高导致"小生产"与"大市场"不适应以及农村社会发展乏力，不利于实现城乡发展一体化。③分散经营型实现形式有其积极的历史作用，它在生产力水平低的地区将会较长时间的存在；同时，也要随着生产力的发展，引导其向其他更高阶段和水平的实现形式转变。

对统一服务型实现形式的优势、劣势、形成条件和推广途径进行分析。①统一服务型实现形式的优势在于：有利于外生交易费用的节约，有利于"专业化"效应的扩散，有利于农业经营效率和经济效益的获得。②统一服务型实现形式的瓶颈体现在：没有从根本上解决小规模农户与大市场衔接的矛盾，交易人格化特征制约农业经营规模的扩大，内部交易费用的不当增长影响组织稳定性，农业技术运用程度和社会化服务范围有限。③对统一服务型实现形式的推广途径一般为：以市场为导向，确定农业主导产业；尊重主体创造力，合理选择发展模式；提供相关制度供给，促进农业产业化组织自我演化；建立起农户和产业化组织间的协调机制。

对合作经营型实现形式的优势、劣势、形成条件和推广途径进行分析。①合作经营型实现形式的优势在于：实现了公平与效率的有机结合，形成了激励与约束的有机结合，形成了低成本与高收益的有机结合。②合作经营型实现形式的劣势表现在：存在开放性和公平性之间的权衡难题，个体收益的提高导致组织经营成本的增加，遭遇经营风险可能引发潜在的社会成本。③对合作经营型实现形式的推广途径为：要理性分析区域情况，抓住契机进行推进；要因地制宜采取不同的组织形式；要不断创新多元化农业经营方式；进一步解放农村劳动力，促进非农转移就业。

对高度集中型实现形式的优势、劣势、形成条件和推广途径进行分析。①高度集中型实现形式的优势在于：一体化合作提高了资源配置效率，获得了规模经济、范围经济；一体型治理结构降低了交易成本；经营收益留存内部，有利于共同富裕。②高度集中型实现形式的劣势主要表现在：干部权力集中和内在激励不足的问题。③高度集中型实现形式的推广可以从以下几个方面着手：广泛征集集体成员的意见，充分尊重农民主观愿望；明确制定集体经济发展规划和路线；建立有效的管理方式和激励约束机制。

综上，本章回答了农村基本经营制度实现形式的总体性评价及其推广问题。在纵向维度上，对分散经营型实现形式、统一服务型实现形式、合作经营型实现形式和高度集中型实现形式的制度优势与劣势以及推广途径进行分析，得出初步结论。

8 农村基本经营制度实现形式的完善路径

农村基本经营制度实现形式的发展是一个动态的过程,需要在不断地巩固和完善中逐渐实现。一方面,要针对现有农村基本经营制度实现形式在实际运行过程中存在的问题,针对性地提出完善的途径;另一方面,要构造鼓励创新的制度环境,促进农村基本经营制度实现形式的不断发展,创造出更多、更适宜的新形式。

8.1 不同农村基本经营制度实现形式的完善途径

农村基本经营制度实现形式的 4 种基本类型——分散经营型实现形式、统一服务型实现形式、合作经营型实现形式和高度集中型实现形式,它们具有各自的优势。同时,各实现形式也存在着一定的问题,需要我们进一步加以完善。

8.1.1 分散经营型实现形式的完善途径

当前,分散经营型实现形式中存在着农业生产力水平较低、不适应市场竞争等深层次问题。为了与社会主义市场经济接轨,加快迈向农业现代化的步伐,我们应该积极探索完善的方法和路径。具体而言,应该从以下几个方面入手。

(1) 因地制宜向其他实现形式转变。有许多实施分散经营型实现形式的地区并不是不具有经济发展的"突破口",而是对当地资源和条件的发掘深度不够,造成了发展的停滞。因此,分散经营型实现形式地区的行动主体应该重新审视当地的资源禀赋、产业基础和市场环境等条件,寻求产权制度的改革方向、组织的最佳形式,形成适宜的经营方式,参考成功经验的同时不拘泥于现有形式,可以向统一服务型实现形式、合作经营型实现形式和高度集中型实现形式这 3 种基本类型转变,也可以探索向其他实现形式创新发展,这应该是今后分散经营型实现形式发展的基本思路。

(2) 以农村集体产权制度改革为契机,激发农村创新发展动力。农村集体经济组织不仅是基础设施建设、公益事业开展和公共服务供给的主要承担者,也是提高农民组织化程度、增强农业管理职能、统一供给社会化服务的重要载体,更是当前探索产权制度改革、实现经营制度创新的重要依托。因此,要以农村集体产权制度改革为抓手,以探索农村土地集体所有制的有效实现形式为突破口,有序地推进农地"三权分置"改革,引导承包土地经营权有序流转,建立起新的体制机制,然后带动农业组织形式和农业经营方式的创新,实现分散经营型实现形式向其他类型的实现形式平稳转变。对于土地等资源性资产,重点是抓紧抓实土地承包经营权的确权登记颁证工作。对于非经营性资产,重点是探索有利于提高公共服务能力的集体统一运营管理有效机制。对经营性资产,重点是明晰产权归属,抓住改革的重要契机,将资产折股量化到集体经济组织成员。探索引入股份制、合作制、股份合作制等多种经营方式和组织形式,发展多种形式的联合与合作,调动集体经济组织成员的生产积极性,激发农村发展新动力。

(3) 加强政府的引导和支持。政府是农村基本经营制度实现形式创新的外部推动者,对缺乏自主创新动力的分散经营型实现形式更是如此。制度行动团体和利益集团的自愿一致行为是组织形成和方式创新的基础,因此,要充分发挥政府在促成这种自愿一致行为中的作用,保证主体行动达到预期结果。一是要注重顶层设计,系统推进。农村基本经营制度实现形式的创新是一项系统工程,涉及多方力量和多个领域,要做好规划,同时加强各项改革之间的协同配合,使其良性互动,整体推进。[①] 二是要处理好政府与市场之间的关系。在加大推广力度的同时,政府还应减少对市场的不必要干预,将工作中心放在为分散经营型实现形式的创新与发展制定良好的制度和政策上。

8.1.2 统一服务型实现形式的完善途径

虽然从制度设计上来看,统一服务型实现形式在资金、技术、管理和市场信息等方面具有独特优势,有利于促进传统农业向现代农业转变。但在实际运行过程中,这种实现形式受到许多因素的限制,需要我们从以下几个方面进行完善。

(1) 推动农业产业化组织的发展壮大。作为统一服务型实现形式的关键主体,各类产业化经营组织是吸纳先进生产要素、提高农民组织化程度、加快农

---

① 蒋永穆,周宇晗. 农业区域社会化服务供给:模式、评价与启示 [J]. 学习与探索,2016 (1).

业现代化的核心力量。但现实中,龙头企业、农民专业合作社的规模有限,经济实力不强,难以组织农户进行科技投资和市场创新,无法充分发挥带农惠农作用。因此,当前应利用税收减免政策、财政援助等方式加快龙头企业和农民专业合作社的发展,使其成为联系农户与市场的重要载体,提高其农业资源动员能力、服务能力和市场对接能力。

(2)建立良好的合作机制,减少逆向选择和道德风险。虽然统一服务型实现形式的关键环节在于农业产业化经营组织的建立,但只有当多元参与主体联结成利益共同体时,才能真正实现统一服务型实现形式的内在优势。利益共同体联结得越紧密,对于统一服务型实现形式的技术效率、规模效益、利润分享的积极作用就越显著。但在运行过程中,农户、龙头企业与中间组织的机会主义行为在现有框架内还没有得到彻底解决,因此如何节约内生交易费用是完善统一服务型实现形式努力的主要方向,应在以下几个方面做出努力:一是引导产业化经营组织和农户增加专用性资产投资,增强组织与农户之间的依赖性,强化合作意愿;二是以资产为纽带形成一种农户与产业化经营组织的紧密合作关系;三是建立良好的合作机制,减少农业产业化经营组织中的逆向选择和道德风险。①

8.1.3 合作经营型实现形式的完善途径

合作经营型实现形式在发展过程中面临股权设置不合理、股权封闭性强、入股要素及用途单一、收益分配制度尚待完善等诸多困境,需要进一步明晰产权,完善股权流动机制,健全激励和监督机制,完善收益分配制度,实现合作经营型实现形式的不断完善。

(1)解决集体股权分配问题。一般而言,目前实施合作经营型实现形式的地区,都设有一定比例的集体股,即使起初没有集体股,但在进行收益分配时,通常也会保留相当比例的资金作为公积金和公益金,用于扩大再生产、公共设施建设和福利支出。调研发现,一些基层政府在集体资产和收益的分配上不太合理和不明确,存在潜在的利益冲突。从减轻农民负担的角度来说,一方面要合理规定集体分红与留存的份额;另一方面,要切实加强管理,做到专款专用。

(2)解决合作的多元性问题。由于土地承担着社会保障和福利的功能,农

---

① 杨明洪. 从"中心化模式"向"中间化模式":农业产业化经营组织演化分析 [J]. 中州学刊, 2008(5).

民的社区身份有实际的经济含义,使得股权必然是封闭的,这不可避免地限制了外部资金、技术和人力资本的引入,与多元合作的初衷有一定背离。股权的流动性受限,使得资本、劳动力等生产要素的流动受到一定的限制,阻碍要素市场经济的发展,造成产业布局的分散、资本规模狭小,不利于产业的集中和升级。因此,可以探索设立流动股,让股权可以在一定范围内实现流动,并适当允许外部以资金、技术等多种形式参股,保证合作经济组织有充分的流动现金以提高市场化程度和扩大经营规模,同时要合理设定股权结构和利益分配方式,在保证公平的基础上体现效率。

(3) 解决组织管理机制问题。农村股份合作经济组织的规范运作是合作经营型实现形式发挥其优势的前提。在合作经营型实现形式的创新中,农民与村集体之间、村集体与其他产业组织之间的关系错综复杂。但在目前的运行过程中,许多地区存在村民委员会和股份合作社之间交叉任职的现象,缺乏严谨、规范的约束监督机制,导致内部矛盾迭起。对此,应进一步完善合作经营型实现形式中的管理模式,实现行政权力和经济权力的彻底分离,采取选择性激励的做法,把农民的权益和应尽的义务在股份合作组织的章程中明确下来,建立规范的规章制度,真正赋予农民股份合作中的决策权和监督权,加强对股权确认、红利分配、公共收支的管理和监督权利,农民当家做主,避免出现暗箱操作和内部人员控制的局面。

8.1.4 高度集中型实现形式的完善途径

根据高度集中型实现形式在实际运行过程中存在的问题,我们认为应该着重做好以下 3 方面的工作。

(1) 适应社会主义市场经济的要求及时转型。在市场化的大潮中,以市场规则进行交易的所有主体都存在经营风险。现有的高度集中型实现形式形成期普遍较早,它们在社会主义市场经济体制的初期,能够凭借自身优势和对经济环境的把握实现良好的发展,取得市场竞争中的优势地位。但随着市场理念的逐步深入,市场竞争日趋激烈,经济环境不断变化,其面临产品结构升级、经营理念更新带来的挑战。因此,必须适应社会主义市场经济发展的要求,始终保持先进性、提升开放性,不断提高发展质量和效益。具体应做到:第一,要秉持市场经济理念。始终面向市场、预测市场、满足市场、引导市场,根据不断变化的供求关系调整生产结构。第二,要有更新技术创新的观念。坚持引进专业技术队伍,学习先进技术,改造落后技术,发展新产品,保证产品质量的优质和高效。第三,要具有拓展创新的理念。立足于当前而不局限于当前,不墨守成规，要不断开拓创新。①

（2）培养具有持续性的领导团队和梯队。高度集中型实现形式面临的重要现实问题之一就是"接班人"问题。高度集中型实现形式最初形成时，是由一批思想觉悟较高并拥有一定才能的村干部发挥先锋带动作用，集聚群众合作的力量，经过长期艰苦的奋斗取得的成果。随着时间的推移，这一批最先带领集体经济发展、村民共同富裕的带头人都将逐渐迈向老年，能否持续培育和建立具有奉献精神、集体主义精神的核心领导层和领导团队，决定着高度集中型实现形式能否实现可持续发展。因此，必须从发展理念、发展道路、精神信仰、意志品质等方面着手，培养出才能出众、道德高尚的具有持续性的领导团队和梯队，使他们继续担当起带领村民走集体化发展道路的使命和责任。

（3）加强社区的文化建设和精神文明建设。社区的文化建设相对于经济建设而言，更具有持久性和渗透力。仅有公有制的经济基础，农民当家做主并不能自然而然地实现，如果公有制基础上不能建立起人民当家做主的上层建筑，就容易出现集权和少数人滥用权力的问题，就容易导致领导干部官僚化和特权化的倾向。② 为了保证高度集中型实现形式不变形、不走样，必须加强社区的文化建设和精神文明建设，不断提升广大干部群众的思想观念和精神追求，并将其转变为高度集中型实现形式经营管理的有效手段。要采取一系列制度和措施表扬先进，鞭策后进，强化对干部和农民的思想道德教育，引导其树立正确的价值观、人生观，倡导良好的社会风尚和集体主义的精神风貌，形成社区经济与社区文化相互融合的良性运作机制，发挥其在村庄治理和经济社会发展中的作用。

8.2　完善农村基本经营制度实现形式的保障措施

完善农村基本经营制度实现形式需要系统、有力的保障措施，主要包括深化农村土地和集体产权制度改革，加强农村实用人才队伍建设和人力资源开发，以及健全适合农业、农村特点的现代农村金融体系等。

8.2.1　深化农村土地制度和集体产权制度改革

深入推进农村土地制度改革和农村集体产权制度改革，是创新农业经营管

---

① 宗寒.进一步发展社会主义集体所有制的几个问题［J］.毛泽东邓小平理论研究，2013（2）.
② 冯道杰.集体化村庄可持续发展的路径探讨［J］.马克思主义研究，2014（9）.

理体制机制、完善农村基本经营制度实现形式的基础性制度支撑,是激活主体、市场、要素的有力保障。

8.2.1.1 继续深化农村土地制度改革

新时代深化农村土地制度改革,要以处理好农民和土地的关系为主线,聚焦以下突出问题,瞄准关键环节。

(1) 完善农村承包土地"三权分置"制度。在坚持落实集体所有权和稳定农户承包权的前提下,平等保护土地经营权,充分发挥"三权"的各自功能和整体效用。进一步明确农民集体和承包农户在承包土地、承包农户和经营主体在土地流转中的权利边界及相互权利关系;逐步赋予经营权享有抵押、担保、入股等用益物权权能,为经营者提供长期稳定的经营预期;稳步探索土地承包权自愿有偿退出的有效办法和途径,及时总结可复制、可推广的经验做法。同时,继续保持农村土地承包关系稳定并长久不变,加快研究修订农村土地承包法,完善农村土地利用管理政策体系。

(2) 构建土地流转管理服务体系。一方面,推进产权流转交易体系建设。依托现有的农村土地流转中心或政务中心,建立县(市、区)承包土地的经营权等产权流转平台,乡镇设流转服务站,村设流转信息员。在有条件的地方建立集信息发布、土地整治、项目设计等功能于一体的综合性土地流转服务组织。[①] 另一方面,加强土地流转规范管理服务。完善土地流转信息发布、政策咨询、流转价格评估、合同签订指导、利益关系协调等系统性服务。同时,积极开展面向新型农业经营主体的土地流转管理精准化服务。

(3) 健全土地流转风险防范制度。一方面,保质保量如期完成农村承包土地的确权登记颁证,稳定土地财产权,防范社会风险。另一方面,完善土地流转风险防范机制。建立社会资本流转土地经营权的准入与监管制度,要审查投资主体的资质和防范风险的能力,尤其要加强事后监督,确保防范农业经营风险和农民收益风险。

8.2.1.2 深化农村集体产权制度改革

深入推进农村集体产权制度改革,对于激发农村资源发展活力、壮大集体经济实力具有重要意义,应从以下几个方面着手。

(1) 全面开展农村集体资产清产核资。这是农村集体产权制度改革的基础

---

① 农业部办公厅. 农业部办公厅关于印发《2018年农村经营管理工作要点》的通知[EB/OL]. (2018-02-12) [2019-12-25]. http://www.moa.gov.cn/govpublic/NCJJTZ/201802/t20180211_6136880.htm.

性工作。扎实开展农村集体资产清产核资工作,清查核实农村集体各类资产,摸清集体资产的家底。同时,按照尊重历史、兼顾现实、程序规范、群众认可的原则,做好农村集体经济组织成员身份的确认工作,保障农民集体经济组织成员的权利。

(2) 加快推进农村集体产权制度改革。推动资源变资产、资金变股金、农民变股东,探索农村集体经济新的实现形式和运行机制。① 对土地等资源性资产,重点是抓紧抓实土地承包经营权的确权登记颁证工作;对非经营性资产,重点是探索有利于提高公共服务能力的集体统一运营管理有效机制;对经营性资产,重点是对成员的确认、资产的量化、股权的设置、收益的分配和权能的完善等。

(3) 制定完善支持农村集体经济发展的法律政策。农村集体经济组织的法律重塑和制度更新是我们完善农村基本经营制度实现形式的重要法律保障。首先,应制定一部专门的农村集体经济组织基本法;其次,明确界定农村集体经济组织的法律性质;最后,重塑集体经济组织的职能及内部治理结构。

8.2.2 加强农村人才队伍建设和人力资源开发

完善与发展农村基本经营制度实现形式,必须破解人才瓶颈制约。人力资本的提高对农业农村发展的贡献远比物质资本、劳动力数量的增加更为重要。② 要把人力资本开发放在首要位置,加快培育适应现代农业发展需要的新农民,优化农业从业者结构,防止农业后继乏人。

(1) 大力培育新型职业农民。一方面,全面建立职业农民制度,完善配套政策体系。制定职业农民资格认定及管理办法,建立分级评价和准入退出机制;在土地流转、财政支农项目和税收、金融等方面对新型职业农民进行政策扶持。另一方面,创新新型职业农民培育机制。在培育对象上,选择农村专业大户、家庭农场经营者、返乡农民工等具备职业潜质的农民作为重点培训对象;在培育内容上,增强教育培训的针对性和实效性;在培育方式上,充分利用分布广、数量多且与农民接触紧密的农民专业合作社、专业技术协会、龙头企业等主体承担培训,同时,充分考虑农业生产季节性的特点,采取弹性学制开展农业职业培训。

---

① 中共中央,国务院. 中共中央 国务院关于实施乡村振兴战略的意见 [N]. 人民日报,2018-02-05 (1).

② 韩俊. 供给侧结构性改革是塑造中国农业未来的关键之举 [N]. 人民日报,2017-02-06 (10).

（2）加强农村专业人才队伍建设。加快培养农村科技、教育、卫生、文化等方面的实用人才。科技方面，加大对乡村农技人员的培训力度，不断提高他们的能力和水平。教育方面，探索补充农村学校教师新机制，同时进一步加强对乡村中小学教师的培训。医疗方面，加强农村医疗卫生人才岗位培训和医学继续教育工作，运用社会资金改善农村医疗设施。文化方面，构建农村公共文化服务体系，建设一批有利于农村文化人才成长和发挥作用的有效载体。[①] 扶持培养一批农业职业经理人、经纪人、乡村工匠、文化能人和非遗传承人。

（3）发挥科技人才支撑作用。通过保障高等院校、科研院所等事业单位专业技术人员在职称评定、工资福利、社会保障等方面的权益，鼓励他们到乡村和农业企业挂职、兼职和离岗创新创业。探索公益性和经营性农技推广融合发展机制，允许农技人员通过提供增值服务合理取酬。

（4）鼓励社会各界投身农村服务与创业。应因势利导，强化政策统筹整合，建立有效激励机制，吸引支持专家学者、党政干部、企业家、技能人才等服务乡村；加大政策支持力度，落实和完善融资贷款、配套设施建设补助、税费减免、用地等扶持政策，营造浓厚的返乡创业氛围，鼓励各类人才回乡下乡创新创业，投身现代农业，为农业农村发展注入持久的新动能。

8.2.3 建立健全现代农村金融体系

融资难、融资贵是农业农村发展的一大短处。农村并不缺乏金融机构，但农村金融服务匮乏的一个很重要原因在于，传统的金融服务难以适应农业农村的需求特点。而且，金融机构也感觉到服务农业农村的成本高、难度大、利润低、风险大。[②] 当前，必须健全适合农业农村特点的农村金融体系，强化金融服务方式创新，补上农村金融服务的短板。

（1）强化各类金融机构服务"三农"的职责，坚持农村金融改革发展的正确方向。第一，强化激励约束机制，落实涉农贷款增量奖励政策，确保"三农"贷款投放持续增长；对涉农业务较多的金融机构，进一步完善差别化考核办法，调动其支持农村产业发展的积极性。第二，支持金融机构积极发展"三农"相关业务。完善中国农业银行、中国邮政储蓄银行"三农"金融事业部运作机制，对于达标的机构给予存款准备金率方面的优惠，努力构建专业化的为

---

① 中共中央办公厅，国务院办公厅. 中共中央办公厅 国务院办公厅关于加强农村实用人才队伍建设和农村人力资源开发的意见［N］. 云南政报，2007-12-16.
② 盘和林. 金融服务乡村须补科技短板［N］. 经济日报，2018-02-26（06）.

农服务体系。第三，支持各类农村中小金融机构覆盖县域，扩大服务范围，加大农村商业银行、农村合作银行、村镇银行等机构服务"三农"的力度。

（2）加快金融服务方式的创新，提升金融服务能力。要培育专业化服务能力，提供更有针对性的配套服务，更好地满足"三农"需求。一方面，发挥互联网技术在金融服务中的作用，针对不同的农业经营主体提供相应的支付结算、小额存贷款和保险服务；同时，逐步开展针对新型农业经营主体的应收账款融资与订单融资业务，以更好地适应农户需求升级。另一方面，为盘活农村资源，积极探索土地经营权、住房财产权、生产设施等抵押贷款实施办法①，解决农村有效抵押担保物相对匮乏的难题。

（3）积极推进协同创新，全面激活农村金融服务链条。要加强银行、保险公司、期货交易所、农业企业等主体间的合作，提供保险、信贷、证券、期货等诸多方面的金融产品和涉及农村全产业链的配套服务。一方面，支持符合条件的涉农企业发行上市、新三板挂牌，以及融资、并购重组，依托多层次资本市场融资，加大债券市场服务"三农"的力度。另一方面，建设农产品期货期权市场，引导农业企业以此管理市场风险，探索"订单农业＋保险＋期货（权）"试点，稳步扩大"保险＋期货"试点。②

（4）探索有效的风控模式，防范系统性金融风险。当前，我国将主动防范化解系统性金融风险放在更加重要的位置。农业的自身特性决定了农村金融服务的风险较难控制。如何从根源上化解信用风险，有效地判别客户资信度，是农村中小金融机构面临的重要问题。为取得更好的风控效果，应通过综合实施微贷技术、专业化服务、"三农"扶持政策、跨行业协同等创新，改变依赖抵押担保的传统风控模式。③

8.3 小　结

本章主要研究农村基本经营制度实现形式的完善路径，内容包括面对现有农村基本经营制度实现形式在实际运行过程中存在的问题，应该如何有针对性

---

① 中共中央、国务院关于深入推进农业供给侧结构性改革加快培育农业农村发展新动能的若干意见［EB/OL］.（2017－02－05）［2019－12－25］http：//www.gov.cn/zhengce/2017－02/05/content_5165626.htm.

② 中共中央 国务院关于实施乡村振兴战略的意见［N］.人民日报，2018－02－05（1）.

③ 李伟.推动农村金融机构改革创新，建设高效稳健、富有活力的农村金融服务体系［EB/OL］.（2016－10－31）［2019－12－15］http：//www.drc.gov.cn/xsyzcfx/20161031/4－4－2891917.htm.

地予以完善？如何建立一个鼓励创新的制度环境，应该从农业农村发展的哪些方面着手加以保障？围绕以上问题，本章的内容按以下框架展开。

针对农村基本经营制度实现形式的4种基本类型——分散经营型实现形式、统一服务型实现形式、合作经营型实现形式和高度集中型实现形式的劣势和弊端，需要我们从以下几个方面逐一克服与完善。

对于分散经营型实现形式，首先应该因地制宜向其他实现形式转变；同时，以农村集体产权制度改革为契机，激发农村创新发展动力；在这一过程中，需要加强政府引导和支持。对于统一服务型实现形式，首先，应推动农业产业化组织的发展壮大；其次，要推进农业产业化经营组织的创新；最后，建立良好的合作机制，减少逆向选择和道德风险。对于合作经营型实现形式，应注重解决集体股权分配问题、合作的封闭性问题和组织管理机制问题。对于高度集中型实现形式，一是要适应社会主义市场经济要求及时转型，二是要培养持续性的领导团队和梯队，三是要加强社区文化建设和精神文明建设。

此外，完善农村基本经营制度实现形式还需要系统、有力的保障措施，具体来说，主要包括以下内容：

第一，深化农村土地和集体产权制度改革。一方面，继续深化农村土地制度改革，重点在于完善农村承包地"三权分置"制度，构建土地流转管理服务体系和健全土地流转风险防范制度。另一方面，深化农村集体产权制度改革，关键在于全面开展农村集体资产清产核资，加快推进农村集体产权制度改革，制定支持农村集体经济发展的法律和政策。

第二，加强农村人力资源开发。完善与发展农村基本经营制度实现形式，必须破解人才瓶颈制约。一是要大力培育新型职业农民，二是要加强农村专业人才队伍建设，三是要发挥科技人才支撑作用，四是要鼓励社会各界投身农村服务与创业。

第三，建立健全现代农村金融体系。要强化各类金融机构服务"三农"的职责，坚持农村金融改革发展的正确方向；应加快金融服务方式的创新，提升金融服务的能力；要积极推进协同创新，全面激活农村金融服务链条；应探索有效的风险控制模式，严格防范金融风险。

综上，结合实地调查情况，本章针对性地提出了不同农村基本经营制度实现形式的优化和改进建议，为其进一步发展和完善提供了重要参考。同时，提出了创新和推动农村基本经营制度实现形式所需要的投入政策、金融政策、土地政策及其他配套政策保障。

9 结论及展望

农村基本经营制度及其实现形式的科学内涵是什么？两者之间的关系如何？农村基本经营制度实现形式有哪些基本类型？不同的农村基本经营制度实现形式会对农业生产、农民收入和农村社会产生怎样的效应？如何实现农村基本经营制度实现形式的推广、保障和完善？为此，本书在系统梳理相关理论思想和前人研究成果的基础上，以四川省、河南省、河北省、山东省、江苏省和浙江省等地的实地调研数据为依据，构建起了一个农村基本经营制度及其实现形式的理论分析与实证研究框架，试图阐释和解决以上问题。

首先，笔者系统梳理了农村基本经营制度及其实现形式的相关思想，为本书的研究提供理论依据；其次，对农村基本经营制度及其实现形式的内涵与外延进行了理论阐释，并从实际出发揭示了探索多种实现形式的必要性；接着，系统性地构建了农村基本经营制度实现形式的总体分析框架，在分析农村基本经营制度实现形式的基本类型及其主要特征的基础上，建立起一个影响因素体系及制度分析框架，揭示了不同农村基本经营制度实现形式的形成机理，同时，构建起一个综合评价体系；然后，分别从农业生产效应、农民收入效应及农村社会效应3个角度出发，结合实地调研数据、构建计量经济模型，对不同农村基本经营制度实现形式的制度效应进行了实证研究；最后，在结合前文理论及实证分析的基础上，通过纵向和横向对比，得到了对农村基本经营制度实现形式的总体评价，并提出了农村基本经营制度实现形式的完善途径和保障措施。

9.1 主要研究结论

基于前文的研究，本章可以得出以下主要结论。

（1）中国农村基本经营制度包括"农地产权制度""农业经营主体""农业经营方式"三大要素，以此为基础，其定义可以表述为：在一定社会秩序和宏观经济环境制约下，农业经营主体围绕着土地这一基本生产资料的占有、使用、收益、处分所演化出的各种经济关系的总和，以及以此农地经济关系为基础，实现与其他农业生产资源优化配置的一系列运行、管理、分配和积累制度及与该农业经营方式相适应的组织制度。

（2）农村基本经营制度和农村基本经营制度实现形式之间是本质和现象、内容和形式的关系。农村基本经营制度实现形式可以定义为：以社会主义集体所有制为基础，客观反映和适应社会发展规律要求而形成的一系列产权安排、组织形式和经营方式，或者说是以农地经济关系为基础，农业生产资料与其他农业生产资源在组织、管理、运营及分配这一层面上所表现出来的具体形式。

（3）农村基本经营制度实现形式的基本类型有分散经营型、统一服务型、合作经营型和高度集中型。分散经营型实现形式实行"土地承包、分散经营、弱统一服务"，主要特征为经营自主性强、经营规模小、分散化程度高、商品化率和市场化程度低。统一服务型实现形式实行"土地承包、分散经营、强统一服务"，主要特征为效率导向性明显，多元性和开放性较高，利益联结以契约为主。合作经营型实现形式实行"土地共有、合作经营、强统一服务"，主要特征为生产要素集中形式多元化，产权明晰、利益紧密，分配制度灵活以及组织机构的去行政化。高度集中型实现形式实行"集体所有、集体经营、强统一服务"，主要特征为分配制度以按劳分配为主，社会福利制度较高，坚持走中国特色农业现代化道路以及沿袭了集体主义精神与优秀传统道德。

（4）对于农业生产效应的考察，本书根据三阶段 DEA 模型的计量结果，我国农村基本经营制度不同实现形式的农业生产效率由低到高依次为：分散经营型、统一服务型、合作经营型和高度集中型，各实现形式的纯技术效率和规模效率各不相同，在今后发展过程中的侧重点也应有所差异。统一服务型实现形式的生产效率提升主要来自农业生产规模的扩大和资源的集中配置，在运用先进科学技术、投入现代生产要素和提高管理水平方面存在不足，亟须从以上角度进行改进。合作经营型实现形式在实现规模经营、获取规模效益方面明显优于其他实现形式，后续发展重点也在于提高技术管理水平。分散经营型实现形式的纯技术效率及规模效率均偏低，有较大的提升空间。在今后的发展过程中不仅要设法实现管理水平的提高，更要致力促进农业生产规模的扩大。高度集中型实现形式既能有效地发挥规模经营优势，也能较好地运用先进的生产技术和管理办法，应在较好的基础上继续深化改革，谋求新的突破。

（5）对于农民收入效应的考察，本书以实地调研数据为基础，运用洛伦兹曲线及基尼系数等方法，结合农民的主观评价，可以得到不同农村基本经营制度实现形式下农民收入的增长水平和公平程度。分散经营型实现形式下农村居民家庭纯收入的绝对水平最低，普遍处于"保温饱，难富裕"的状态；从客观测度的指标结果来看，分散经营型实现形式虽相对公平地保障了基本生存权利，收入适度性程度在所有实现形式中排名第二，但与其他实现形式相比，农民的"失落感"太强，因而主观贫富差距感受最为强烈。统一服务型实现形式下农村居民家庭纯收入的绝对水平最高，与其市场化和效率型特征相符；从收入适度性程度来看，由于龙头企业等经营组织占据优势地位，普通农户分享的利润有限，从而该实现形式下收入不平等的程度也最高，农民对贫富差距的感受仍然相当强烈。合作经营型实现形式不仅提升了农业效益，还赋予了农民"二次分配"的机会，农村居民家庭纯收入的绝对水平排名第二；从收入适度性程度来看，因实行按劳分配与按要素分配相结合的分配制度，在共同富裕的同时存在一定收入差距，村民对贫富差距的感受适中。相比对货币收入的追求，高度集中型实现形式更加注重社会福利制度的建设，因而绝对收入水平在4种类型中的排名并不高；但高度集中型实现形式坚持走共同富裕的道路，无论从客观测度结果还是从农民主观评价上看，其收入公平性程度都最高。

（6）对于农村社会效应的考察，本书在阿马蒂亚·森的可行能力理论框架下运用模糊综合评价法，从农户家庭经济状况、居住条件、居住环境、社会保障状况、社会活动状况、社会资源及心理因素7个方面对我国农村基本经营制度实现形式的社会福利状况进行考察，结果发现：从总体功能福利的状况来看，高度集中型实现形式的福利水平显著高于分散经营型实现形式，统一服务型实现形式和合作经营型实现形式之间的福利指数比较接近。从家庭经济状况、社会保障状况和心理因素来看，高度集中型、合作经营型、统一服务型实现形式的差异不显著，分散经营型表现相对较差。从居住条件、社区活动和社会资源来看，合作经营型和统一服务型实现形式的状况比较接近。高度集中型实现形式除在居住条件方面外，其余各方面的福利表现均较好，特别是公共服务资源方面明显优于其他实现形式。分散经营型实现形式在农户福利考察的各方面表现都欠佳，特别是社会保障方面，明显逊于其他实现形式，说明广大传统农区的农村居民的生存能力和就业能力仍亟须保障和加强。

（7）农村基本经营制度的不同实现形式是适应各地的具体情况，根据当地群众的愿望和要求产生的，它们各自具有不同的制度优势和缺陷，形成的条件、推广的途径也有所差异，在发展过程中存在的问题及其完善途径也不尽相同。随着时间的推移，环境约束条件持续发生变化，我国农村基本经营制度还会不断创新发展出更多的实现形式，展现出我国农村基本经营制度旺盛、持久的生命力。

9.2 研究展望

虽然笔者对农村基本经营制度及其实现形式的分析付出了巨大的努力，但也不可避免地存在一些问题，需要进一步的研究与完善。

（1）对于不同的农村基本经营制度实现形式，影响农业生产效应、农民收入效应及农村社会效应的因变量有哪些，它们与制度效应之间的相关关系如何，是值得进一步分析的问题。

（2）怎样根据各地不同的环境与条件，确定适宜的农村基本经营制度实现形式，如何根据已有现实基础，补足相应欠缺的因素，推动农村基本经营制度实现形式的变迁，是一个亟待深入研究的问题。

（3）某一地区可采取的实现形式并不是一成不变的。随着生产力状况和制度环境的改变，生产关系也会相应调整，农村基本经营制度各实现形式之间在何种情况下、如何进行转化，是一个值得深入探讨的课题。

参考文献

阿马蒂亚·森，2002. 以自由看待发展［M］. 任赜，于真，译. 北京：中国人民大学出版社.

本刊记者，2017. 中央一号文件，怎么看怎么干——中央农村工作领导小组副组长、办公室主任唐仁健，中央农村工作领导小组办公室副主任韩俊答记者问［J］. 农村工作通讯（3）：12-18.

本刊评论员，2017. 深化农村改革需把握好几对关系［J］. 农村经营管理（10）：1.

卜祥记，关春华，2012. 内涵与机制：感性活动视域中的生产力与生产关系［J］. 哲学动态（6）：14-23.

蔡昉，2018. 转向高质量发展"三谈"［EB/OL］.（2018-02-09）［2019-12-15］http://www.xinhuanet.com/politics/2018-02/09/c_1122392268.htm.

蔡立东，姜楠，2015. 承包权与经营权分置的法构造［J］. 法学研究（3）：31-46.

陈超儒，杨玉华，王楠，等，2010. 成都市新型农村集体经济的规范与发展研究［J］. 农村经济（12）：59-62.

陈朝兵，2016. 农村土地"三权分置"：功能作用、权能划分与制度构建［J］. 中国人口·资源与环境（4）：135-141.

陈飞，卢建词，2014. 收入增长与分配结构扭曲的农村减贫效应研究［J］. 经济研究（2）：101-114.

陈和，2015. "十三五"时期我国发展环境的基本特征［N］. 北京：光明日报，11-18（2）.

陈金涛，刘文君，2016. 农村土地"三权分置"的制度设计与实现路径探析［J］. 求实（1）：81-89.

陈锡文，2013a. 当前我国农村改革发展面临的几个重大问题［J］. 农业经济问题（1）：4-6.

陈锡文，2013b. 加快发展现代农业［J］. 求是（2）：38-40.

陈小君, 2014. 我国农村土地法律制度变革的思路与框架：十八届三中全会《决定》相关内容解读 [J]. 法学研究 (4)：4—25.

陈泳, 2017. 难题与破解：农村土地"三权分置"的实现路径探析 [J]. 福建论坛（人文社会科学版）(10)：24—29.

陈宗胜, 1994. 经济发展中的收入分配 [M]. 上海：上海三联书店.

程恩富, 龚云, 2012. 大力发展多样化模式的集体经济和合作经济 [J]. 中国集体经济 (31)：3—9.

程启智, 罗飞, 2016. 生产力和生产关系的二维理论及其马克思经济学的发展 [J]. 福建论坛（人文社会科学版）(3)：11—18.

程永宏, 2007. 改革以来全国总体基尼系数的演变及其城乡分解 [J]. 中国社会科学 (4)：45—60.

程志强, 2012. 农地流转形式和农业产业化垂直协调的契约安排研究 [J]. 中国市场 (46).

崔宝玉, 王纯慧, 2017. 论中国当代农民合作社制度 [J]. 上海经济研究 (2)：118—127.

党国英, 2005. 当前中国农村土地制度改革的现状与问题 [J]. 华中师范大学学报（人文社会科学版）(4)：8—18.

道欧, 鲍雅朴, 2003. 荷兰农业的勃兴——农业发展的背景和前景 [M]. 厉为民, 等译. 北京：中国农业科学技术出版社.

邓波, 张学军, 郭军华, 2011. 基于三阶段DEA模型的区域生态效率研究 [J]. 中国软科学 (1)：92—99.

邓纯东, 2019. 坚定不移走中国特色社会主义政治发展道路 [J]. 人民论坛 (27).

邓大才, 2001. 农业制度变迁路径依赖及创新 [J]. 经济理论与经济管理 (3)：59—63.

邓宏图, 2006. 马克思"三论"与制度变迁——一个有关中国转轨过程的理论分析框架 [J]. 陕西师范大学学报（哲学社会科学版）(5)：20—30.

邓宏图, 2003. 组织、组织演进及制度变迁的经济解释——质疑"伪古典化"的"杨小凯范式"[J]. 南开经济研究 (1)：23—27, 48.

邓宏图, 鹿媛媛. 2014. 同质性农户、异质性大户、基层政府与合作社：经济解释与案例观察 [J]. 中国经济问题 (4)：88—97.

邓小平, 1994. 邓小平文选：第1卷 [M]. 2版. 中共中央文献编辑委员会, 编辑. 北京：人民出版社.

参考文献

邓小平，1994. 邓小平文选：第2卷 [M]. 2版. 中共中央文献编辑委员会，编辑. 北京：人民出版社.

邓小平，1994. 邓小平文选：第3卷 [M]. 2版. 中共中央文献编辑委员会，编辑. 北京：人民出版社.

丁琳琳，吴群，李永乐，2017. 新型城镇化背景下失地农民福利变化研究 [J]. 中国人口·资源与环境（3）：163-169.

董金明，2004. 马克思制度经济理论及其现实意义 [J]. 毛泽东邓小平理论研究（2）：39-44.

董栓成，2010. 农地产权载体创新研究：基于委托-代理视角 [J]. 中国软科学（4）：169-176.

杜能，2009. 孤立国同农业和国民经济的关系 [M]. 吴衡康，译. 北京：商务印书馆.

杜鹰，2013. 关于新时期"三农"工作的几个问题 [J]. 宏观经济管理（3）：4-10.

杜鹰，2013. 认真学习党的十八大精神贯彻落实中央决策部署进一步做好新时期的"三农"工作——在全国发展改革系统农村经济工作会议上的讲话（摘要）[J]. 中国经贸导刊（6）.

杜志雄，王新志，2013. 中国农业基本经营制度变革的理论思考 [J]. 理论探讨（4）：72-75.

段景辉，陈建宝，2010. 基于家庭收入分布的地区基尼系数的测算及其城乡分解 [J]. 世界经济（1）：100-122.

冯道杰，2008. 家庭经营制度下个体农民的博弈困境与出路 [J]. 重庆社会科学（10）：42-49.

冯道杰，2014. 集体化村庄可持续发展的路径探讨 [J]. 马克思主义研究（9）：62-71.

冯道杰，2016. 改革开放以来集体化与分散型村庄发展比较研究 [D]. 济南：山东大学.

冯华，陈仁泽，2013. 中农办主任陈锡文：农村土地制度改革 底线不能突破 [J]. 农家参谋·种业大观（12）.

冯献，李宁辉，郭静利，2014. "四化同步"背景下我国农业现代化建设的发展思路与对策建议 [J]. 农业现代化研究（1）：11-14.

高强，刘同山，孔祥智，2013. 家庭农场的制度解析：特征、发生机制与效应 [J]. 经济学家（6）：48-56.

郜永昌, 2013. 论农村土地登记治理功能及其实现 [J]. 西北农林科技大学学报（社会科学版）(4): 20—24.

顾钰民, 2014. 混合所有制经济是基本经济制度的重要实现形式 [J]. 毛泽东邓小平理论研究 (1): 35—39.

关锐捷, 2012. 构建新型农业社会化服务体系初探 [J]. 农业经济问题 (4): 4—10.

郭斌, 吕涛, 李娟娟, 2013. 农地转出方选择流转对象的影响因素分析: 基于土地可持续利用视角 [J]. 经济问题 (1): 102—107.

郭军华, 倪明, 李帮义, 2010. 基于三阶段 DEA 模型的农业生产效率研究 [J]. 数量经济技术经济研究 (12): 27—38.

郭强, 2014. 中国农村集体产权的形成、演变与发展展望 [J]. 现代经济探讨 (4).

郭强, 2014. 要素相对价格变动与制度变迁: 基于中国农地制度变迁的实证 [J]. 农村经济 (1): 87—90.

郭庆海, 2015. 当前农村改革的若干重大问题 [J]. 当代经济研究 (2): 36—43.

郭晓鸣, 2015. 新常态下四川"三农"发展形势研判及应对 [J]. 农村经济 (8): 3—9.

郭晓鸣, 廖祖君, 付娆, 2007. 龙头企业带动型、中介组织联动型和合作社一体化三种农业产业化模式的比较——基于制度经济学视角的分析 [J]. 中国农村经济 (4): 40—48.

郭兴海, 张卫丹, 2011. 浅析农户对子女教育投入的行为影响分析: 以哈尔滨市周边 6 个农村为例 [J]. 中国集体经济 (13): 7—8.

国家农业部经管司, 经管总站研究组, 2013. 构建新型农业经营体系 稳步推进适度规模经营 "中国农村经营体制机制改革创新问题" 之一 [J]. 毛泽东邓小平理论研究 (6): 38—45.

国家行政学院经济学教研部, 2017. 中国经济新方位 [M]. 北京: 人民出版社.

国家卫生和计划生育委员会, 2017. 2017 中国卫生和计划生育统计年鉴 [M]. 北京: 中国协和医科大学出版社.

国务院发展研究中心农村经济研究部课题组, 2013. 稳定与完善农村基本经营制度研究 [M]. 北京: 中国发展出版社.

韩俊, 2014. 坚持农村基本经营制度 有序推进农村人口市民化 [J]. 中国农业信息（3）：13-16.

韩俊，2017. 供给侧结构性改革是塑造中国农业未来的关键之举［N］. 人民日报，02-06（10）.

韩松，2011. 论农村集体经济内涵的法律界定［J］. 暨南学报（哲学社会科学版）（5）：54-64.

韩长赋，2013. 科学把握农业农村发展新形势［J］. 求是（7）：23-25.

韩长赋，2016. 土地"三权分置"是中国农村改革的又一次重大创新［J］. 农村工作通讯（3）：19-23.

韩长赋，2017. 中国农业怎么搞？机遇在哪里？前景如何？［J］. 中国农业信息（8）：8-10.

何军，王恺，陈文婷，2017. 中国农业经营方式演变的社区逻辑——基于山西省汾阳市两个农村社区的案例分析［J］. 中国农村观察（2）：107-116.

何立，罗帅，2015. 农地产权"两权分离"到"三权分离"：基于新制度经济学视角的解读［J］. 农村经济（5）：81-85.

河连燮，2014. 制度分析：理论与争议［M］. 2版. 李秀峰，柴宝勇，译. 北京：中国人民大学出版社.

贺雪峰，2011. 简论中国式小农经济［J］. 人民论坛（23）：30-32.

贺志亮，刘成玉，2015. 我国农业生产效率及效率影响因素研究：基于三阶段DEA模型的实证分析［J］. 农村经济（6）：48-51.

洪银兴，陈宝敏，2001. 苏南模式的新发展——兼与温州模式比较［J］. 改革（4）：53-58.

胡川，方中秀，陈凯. 2009. 我国农业产业组织与农地产权制度互动关系的研究［J］. 农业经济问题（5）：89-93.

胡冬生，余秀江，王宣喻，2010. 农业产业化路径选择：农地入股流转、发展股份合作经济：以广东梅州长教村为例［J］. 中国农村观察（3）：47-59.

胡振红，2014. 量与质：不同实现形式下农村集体经济发展中的要素构成分析——以山东东平土地股份合作社为例［J］. 山东社会科学（12）：46-52.

黄丽萍，2007. 交易成本与农村专业合作经济组织发展困境——基于农户层面的分析［J］. 东南学术（5）：34-39.

黄泰岩，王检贵，2000. 居民收入差距测量指标体系的选择［J］. 当代经济研究（9）：42-48.

霍炜，汪彤，宋文玉，2006. 论马克思主义的制度分析方法［J］. 中共中央党校学报（5）：14-19.

贾燕兵, 2013. 交易费用、农户契约选择与土地承包经营权流转 [D]. 雅安: 四川农业大学.

简新华, 2016. 中国农地制度和经营方式创新研究——兼评中国土地私有化 [J]. 政治经济学评论 (4): 36-40.

江维国, 2014. 我国新型农业经营主体的功能定位及战略思考 [J]. 北方园艺 (13): 211-214.

姜栋, 胡碧霞, 2013. 中国农村集体土地产权制度改革研究综述 [J]. 生产力研究 (5): 192-196.

姜明伦, 何安华, 楼栋, 等, 2012. 我国农业农村发展的阶段性特征、发展趋势及对策研究 [J]. 经济学家 (9): 81-90.

蒋和胜, 费翔, 唐虹, 2016. 不同经济发展水平下集中居住前后农民的福利变化——基于成都市不同圈层的比较分析 [J]. 经济理论与经济管理 (4): 87-99.

蒋瑛, 1997. 中国农业技术经济学教程 [M]. 北京: 中国人民大学出版社.

蒋永穆, 2017. 积极探索农村基本经营制度的多种实现形式 [J]. 社会科学辑刊 (3): 19-21.

蒋永穆, 高杰, 2012. 我国农业产业化经营组织的形成路径及动因分析 [J]. 探索 (3): 105-109.

蒋永穆, 赵苏丹, 2017. 坚持与完善农村基本经营制度: 现实挑战与基本路径 [J]. 政治经济学报 (1): 3-14.

蒋永穆, 赵苏丹, 2018. 中国农村基本经营制度: 科学内涵、质规定性及演变逻辑 [J]. 当代经济研究 (1): 28-35.

蒋永穆, 赵苏丹, 刘畅, 等, 2017. 坚持和完善农村基本经营制度研究 [R]. 成都: 四川大学.

蒋永穆, 周宇晗, 2018. 着力破解经济发展不平衡不充分的问题 [J]. 四川大学学报 (哲学社会科学版) (1): 20-28.

蒋永穆, 周宇晗, 2016. 农业区域社会化服务供给: 模式、评价与启示 [J]. 学习与探索 (1): 102-107.

蒋中一, 2002. 农民的土地承包权不可轻易动摇 [J]. 中国税务 (5): 24-27.

金丽馥, 2009. 新时期农村土地股份合作制探析 [J]. 当代经济研究 (1): 31-35, 22, 73.

靳涛, 2003. 制度变迁的科学范式和动力分析 [J]. 生产力研究 (1): 68

—70.

康涌泉,2014. 三权分离新型农地制度对农业生产力的释放作用分析[J]. 河南社会科学(10):89—91.

柯炳生,2007. 正确认识和处理发展现代农业中的若干问题[J]. 中国农村经济(9):4—8.

科斯,等,2014. 财产权利与制度变迁——产权学派与新制度学派译文集[M]. 刘守英,等译. 上海:格致出版社,上海三联书店,上海人民出版社.

孔祥智,2014. 现行农村基本经营制度下农业现代化的主体研究[J]. 新视野(1):67—70.

孔祥智,刘同山,2013. 论我国农村基本经营制度:历史、挑战与选择[J]. 政治经济学评论(4):78—133.

孔祥智,徐珍源,2010. 转出土地农户选择流转对象的影响因素分析:基于综合视角的实证分析[J]. 中国农村经济(12):17—25,67.

冷兆松,2004. 马克思恩格斯所有制实现形式问题研究的基本方法[J]. 当代经济研究(12):12—16.

李炳元,潘保田,程维明,等,2013. 中国地貌区划新论[J]. 地理学报(3):291—306.

李谷成,2009. 人力资本与中国区域农业全要素生产率增长:基于DEA视角的实证分析[J]. 财经研究(8):115—128.

李谷成,李崇光,2012. 十字路口的农户家庭经营:何去何从[J]. 经济学家(1):55—63.

李国强,2015. 论农地流转中"三权分置"的法律关系[J]. 法律科学(西北政法大学学报)(6):179—188.

李济广,2013. 土地国有制与经济发展、社会平等和生态文明[J]. 社会科学(1):48—55.

李克强,2004. 小城镇可持续发展中的公共产品供给问题研究[J]. 中央财经大学学报(8):7—10.

李孔岳,罗必良,2005. 制度维护的四种因素——基于南街村的案例分析[J]. 学术研究(9):23—29.

李俏,2012. 农业社会化服务体系研究[D]. 咸阳:西北农林科技大学.

李然,冯中朝,2009. 环境效应和随机误差的农户家庭经营技术效率分析:基于三阶段DEA模型和我国农户的微观数据[J]. 财经研究(9):92—102.

李尚蒲, 2013. 农村基本经营制度: 在稳定的前提下不断完善: "中国农村基本经营制度学术研讨会"综述 [J]. 中国农村经济 (4): 92-95.

李尚蒲, 罗必良, 2015. 农地调整的内在机理及其影响因素分解 [J]. 中国农村经济 (3): 18-33.

李维庆, 2007. 我国农村土地产权制度的残缺及变革方向 [J]. 中州学刊 (5): 42-44.

李伟, 2015. 深刻理解新常态, 推动经济发展迈上新台阶 [N]. 中国经济时报 01-26 (A01).

李伟, 2015. 新常态下, 以创新加快培育经济增长新动力 [J]. 中国发展观察 (1): 7-11.

李伟, 2016. 推动农村金融机构改革创新, 建设高效稳健、富有活力的农村金融服务体系 [EB/OL]. (2016-10-31) [2019-12-15] http://drc.gov.cn/xsyzcfx/20161031/4-4-2891917.htm.

李伟伟, 2016. "三权分置"中土地经营权的性质及权能 [J]. 中国党政干部论坛 (5): 54-57.

廖祖君, 郭晓鸣, 2015. 中国农业经营组织体系演变的逻辑与方向: 一个产业链整合的分析框架 [J]. 中国农村经济 (2): 13-21.

列宁, 1984. 列宁全集: 第4卷 [M]. 中共中央马克思恩格斯列宁斯大林著作编译局, 译. 北京: 人民出版社.

列宁, 1985. 列宁全集: 第35卷 [M]. 中共中央马克思恩格斯列宁斯大林著作编译局, 译. 北京: 人民出版社.

列宁, 1986. 列宁全集: 第39卷 [M]. 中共中央马克思恩格斯列宁斯大林著作编译局, 译. 北京: 人民出版社.

列宁, 1986. 列宁全集: 第40卷 [M]. 中共中央马克思恩格斯列宁斯大林著作编译局, 译. 北京: 人民出版社.

列宁, 1986. 列宁全集: 第43卷 [M]. 中共中央马克思恩格斯列宁斯大林著作编译局, 译. 北京: 人民出版社.

林毅夫, 2014. 制度、技术与中国农业发展 [M]. 上海: 格致出版社, 上海三联书店, 上海人民出版社.

林政, 2004. 对农业家庭经营组织的辩证思考 [J]. 经济问题 (10): 40-42.

刘畅, 2016. 新中国农村基本经营制度思想研究 (1949—2015) [D]. 成都: 四川大学.

刘成玉, 2011. 耕地保护视野的土地产权治理"困境"及至我国粮食安全

[J]. 改革 (12): 46—51.

刘刚, 王辉, 2015. 城乡一体化发展与农村集体土地所有制改革 [J]. 理论与改革 (2): 52—54.

刘俊, 2007. 土地承包经营权性质探讨 [J]. 现代法学 (2): 170—178.

刘璐, 2017. 中农办主任韩俊解读"实施乡村振兴战略" [J]. 农民文摘 (11): 10—11.

刘荣材, 2008. 农村土地产权制度创新模式选择: 构建农民家庭土地产权制度 [J], 经济体制改革 (3): 104—108.

刘世锦, 2018. 加快推进与高质量发展配套的重点改革 [N]. 经济日报, 01—11 (14).

刘守英, 2016. 以"三权分置"重构农地权利体系 [J]. 农村经营管理 (11): 26.

刘爽, 牛增辉, 孙正, 2014. 家庭农场经营体制下的"适度规模"经营问题 [J]. 农业经济 (1): 10—12.

刘同山, 孔祥智, 2013. 新时期农村基本经营制度的问题、对策及发展态势 [J]. 农业经济与管理 (5): 53—64.

刘笑萍, 2009. 论我国农村基本经营制度的演变与创新 [J]. 经济地理 (2): 267—270.

刘子飞, 王昌海, 2015. 有机农业生产效率的三阶段 DEA 分析——以陕西洋县为例 [J]. 中国人口·资源与环境 (7): 105—112.

龙飞, 戴昌钧, 原道谋, 2009. 论生产力决定生产关系的具体化环节及其实践意义 [J]. 生产力研究 (7): 60—62.

龙海明, 凌炼, 谭聪杰, 等, 2015. 城乡收入差距的区域差异性研究: 基于我国区域数据的实证分析 [J]. 金融研究 (3): 83—96.

楼栋, 孔祥智, 2013. 新型农业经营主体的多维发展形式和现实观照 [J]. 改革 (2): 65—77.

罗必良, 2004. 农业经济组织的效率决定——一个理论模型及其实证研究 [J]. 学术研究 (8): 49—57.

罗必良, 2012. 合约理论的多重境界与现实演绎: 粤省个案 [J]. 改革 (5): 66—82.

罗必良, 李玉勤, 2014. 农业经营制度: 制度底线、性质辨识与创新空间: 基于"农村家庭经营制度研讨会"的思考 [J]. 农业经济问题 (1): 8—18.

罗文东, 2008. 中国特色社会主义理论体系新论 [M]. 北京: 人民出版社.

吕文广，陈绍俭，2010. 我国欠发达地区农业生产技术效率的实证分析：采用DEA方法和MALMQUIST指数方法测度［J］. 审计与经济研究（5）：96－103.

马克思，1975. 资本论：第1卷［M］. 中共中央马克思恩格斯列宁斯大林著作编译局，译. 北京：人民出版社.

马克思，恩格斯，1995. 马克思恩格斯全集：第1－50卷［M］. 2版. 中共中央马克思恩格斯列宁斯大林著作编译局，编译. 北京：人民出版社.

马克思，恩格斯，1995. 马克思恩格斯选集：第1－4卷［M］. 中共中央马克思恩格斯列宁斯大林著作编译局，编译. 北京：人民出版社.

马克思，1971. 政治经济学批判［M］. 北京：人民出版社：序言，导言.

毛泽东，1993. 毛泽东文集：第1卷［M］. 中共中央文献研究室，编辑. 北京：人民出版社.

毛泽东，1993. 毛泽东文集：第2卷［M］. 中共中央文献研究室，编辑. 北京：人民出版社.

毛泽东，1996. 毛泽东文集：第3卷［M］. 中共中央文献研究室，编辑. 北京：人民出版社.

毛泽东，1996. 毛泽东文集：第4卷［M］. 中共中央文献研究室，编辑. 北京：人民出版社.

毛泽东，1996. 毛泽东文集：第5卷［M］. 中共中央文献研究室，编辑. 北京：人民出版社.

毛泽东，1999. 毛泽东文集：第6卷［M］. 中共中央文献研究室，编辑. 北京：人民出版社.

毛泽东，1999. 毛泽东文集：第7卷［M］. 中共中央文献研究室，编辑. 北京：人民出版社.

毛泽东，1999. 毛泽东文集：第8卷［M］. 中共中央文献研究室，编辑. 北京：人民出版社.

米运生，罗必良，曾泽莹，2015. 农村基本经营制度改革：中心线索、重点变迁与路径取向［J］. 江海学刊（2）：67－74.

宁吉喆. 2016年中国恩格尔系数30.1%接近富足标准［EB/OL］. （2017－10－10）［2019－12－12］ http://www.chinanews.xinhuanet.com/fortune/2017－10/10/c_129717960.htm.

牛若峰，夏英，2000. 农业产业化经营的组织方式和运行机制［M］. 北京：北京大学出版社.

农业部办公厅, 2018. 农业部办公厅关于印发《2018年农村经营管理工作要点》的通知 [EB/OL]. (2018-02-12) [2019-12-25] http://www.moa.gov.cn/govpublic/NCJJTZ/201802/t20180211_6136880.htm.

诺思, 2014. 制度、制度变迁与经济绩效 [M]. 杭行, 译. 上海: 格致出版社.

诺思, 瓦利斯, 温格斯特, 2017. 暴力与社会秩序——诠释有文字记载的人类历史的一个概念性框架 [M]. 杭行, 王亮, 译. 上海: 格致出版社, 上海三联书店, 上海人民出版社.

诺思, 2008. 理解经济变迁过程 [M]. 钟正生, 邢华, 等译. 北京: 中国人民大学出版社.

鸥泉, 2009. "保增长、促发展"农业是基础 [J]. 农产品加工业 (3): 24.

潘俊, 2014. 农村土地"三权分置": 权利内容与风险防范 [J]. 中州学刊 (11): 67-73.

潘俊, 2015. 农村土地承包权和经营权分离的实现路径 [J]. 南京农业大学学报 (社会科学版) (4): 98-105, 134-135.

盘和林, 2018. 金融服务乡村须补科技短板 [N]. 经济日报, 02-26 (6).

彭海红, 2011. 中国农村集体经济实践形式探析 [J]. 新视野 (4): 22-25.

彭海红, 2012. 我国农村基本经营制度改革与反思 [J]. 农业经济 (7): 3-5.

普金霞, 2015. 农村土地三权分离法律思考——基于权能分割和成员权视角 [J]. 人民论坛 (26): 118-120.

钱忠好, 2003. 农地承包经营权市场流转: 理论与实证分析——基于农户层面的经济分析 [J]. 经济研究 (2): 83-91.

钱忠好, 2007. 外部利润、效率损失与农地股份合作制度创新 [J]. 江海学刊 (1): 88-92.

乔洪武, 2015. 目标模式、门阶条件、动力系统及伦理评价: 诺思的制度变迁思想与马克思的比较 [J]. 马克思主义与现实 (4): 140-147.

秦书生, 2012. 马克思恩格斯经济发展生态化思想及其当代价值 [J]. 思想理论教育导刊 (10): 9-12.

屈学书, 2016. 家庭农场与其它农业经营组织的比较分析 [J]. 中国农业资源与区划 (5): 130-134.

全炯振, 2009. 中国农业全要素生产率增长的实证分析: 1978~2007年: 基于随机前沿分析 (SFA) 方法 [J]. 中国农村经济 (9): 36-47.

单玉红,朱枫,刘梦娇,2017. 湖北省县际种植业生产要素调控对策研究——基于三阶段 DEA 模型[J]. 资源科学(2):367-377.

佘明龙,翁胜斌,李勇,2013. 农村土地制度创新的成本收益分析——以浙江省嘉兴市"两分两换"为例[J]. 农业经济问题(3):33-39.

申惠文,2015. 法学视角中的农村土地三权分离改革[J]. 中国土地科学(3):39-44.

沈志群,2009. 中国农村土地制度创新研究综述[J]. 现代经济探讨(3):62-66.

石慧,孟令杰,王怀明,2008. 中国农业生产率的地区差距及波动性研究——基于随机前沿生产函数的分析[J]. 经济科学(3):20-33.

宋洪远,2000. 改革以来中国农业和农村经济政策的演变[M]. 北京:中国经济出版社.

宋洪远,2010. 新型农业社会化服务体系建设研究[J]. 中国流通经济(6):35-38.

宋志红,2015. 农村土地"三权分置"改革:风险防范与法治保障[J]. 经济研究参考(24):5-10.

孙伯良,1999. 公有制实现形式的辩证思考[J]. 复旦学报(社会科学版)(4):102-106.

孙敬水,于思源,2014. 农村居民收入差距适度性影响因素实证研究:基于全国 31 个省份 2852 份农村居民家庭问卷调查数据分析[J]. 经济学家(8):90-102.

孙韶林,2006. 论生产资料公有制与社会主义本质的关系[J]. 社会主义研究(3):27-30.

孙圣民,2005. 新制度经济学与演化经济学意识形态理论的比较分析[J]. 制度经济学研究(1):71-96.

孙晓一,徐勇,刘艳华,2015. 中国居民收入差距及空间分异特征[J]. 经济地理(12):18-25.

孙中华,2009. 关于稳定和完善农村基本经营制度的几个问题(上)[J]. 农村经营管理(5):6-9.

谭小芍,2015. 坚持和完善农村基本经营制度的新思考[J]. 农业经济(11):16-18.

谭晓婷,钟甫宁,2010. 新型农村合作医疗不同补偿模式的收入分配效应:基于江苏、安徽两省 30 县 1500 个农户的实证分析[J]. 中国农村经济(3):

87—96.

谭扬芳,程恩富,2012. 蒙德拉贡合作经济模式的经验及其启示[J]. 中国集体经济(34):89—96.

陶钟太朗,杨遂全,2015. 农村土地经营权认知与物权塑造——从既有法制到未来立法[J]. 南京农业大学学报(社会科学版)(2):73—79.

田凤香,许月明,胡建,2013. 土地适度规模经营的制度性影响因素分析[J]. 贵州农业科学(3):95—97.

王兵,杨华,朱宁,2011. 中国各省份农业效率和全要素生产率增长:基于SBM方向性距离函数的实证分析[J]. 南方经济(10):12—26.

王贵宸,2006. 中国农村合作经济史[M]. 太原:山西经济出版社.

王虎学,2012. "生产力和生产关系的辩证法"的再思考[J]. 哲学动态(9):25—29.

王辉,2016. 习近平扶贫思想的时代特征——以可持续发展作为视域[J]. 传承(12):4—7.

王会欣,2017. 延伸农业产业链促农业增效农民增收[EB/OL]. (2017-06-30)[2019-12-15] https://www.cssn.cn/dzyx/dzyx_usj/20170630_3565681.shtml.

王慧,孙晋芳,余静,2014. 山东省县域经济时空分异演化特征研究[J]. 地域研究与开发(5):16—20,33.

王健,杨小成,2006. 制度变迁理论研究新进展[J]. 经济学动态(7):75—80.

王理,2010. 正确认识西方经济学的非正式制度演化理论:基于马克思主义经济学的视角[J]. 海南大学学报(人文社会科学版)(1):62—68.

王露,2007. 农村土地股份合作制的经济学分析[J]. 华中师范大学研究生学报(3):52—56.

王萍萍. 关于我国居民收入基尼系数测算的几个问题[EB/OL]. (2013-02-01)[2019-12-12] http://www.stats.gov.cn/ztjc/ztfx/grdd/201302/t20130201_59099.html.

王琴,陈建丽,杨莉,2016. 规模经营能否提升农业全要素生产率——基于新疆地方和生产建设兵团视角[J]. 求索(9):119—123.

王珊,2013. 公益性和非公益性农地城市流转的农户福利效应研究[D]. 武汉:华中农业大学.

王珊,张安录,张叶生,2014. 农地城市流转的农户福利效应测度[J]. 中国人口·资源与环境(3):108-115.

王述英,陈勇,1998. 股份合作制是集体所有制新的实现形式[J]. 南开学报(哲学社会科学版)(1):24-29.

王伟,马超,2013. 不同征地补偿模式下失地农民福利变化研究:来自准自然实验模糊评价的证据[J]. 经济与管理研究(4):52-60.

王武瀛,2009. 中国农村基本经营制度再创新的现实必然性与路径依赖[J]. 云南社会科学(4):109-113.

王玉婷,张艺琳,2017. 家庭农场对农业保险购买意愿及其影响因素研究——基于江苏省307户的调查[J]. 安徽农业科学(20):198-201.

王玉霞,朱艳,2009. 制度变迁视角下的家庭承包经营和农村土地股份合作制度[J]. 云南财经大学学报(1):10-15.

王早霞,2017. "三农"问题是重中之重[N]. 山西日报,08-01(9).

王祖祥,范传强,何耀,等,2009. 农村贫困与极化问题研究:以湖北省为例[J]. 中国社会科学(6):73-88.

危旭芳,2018. 乡村振兴:新时代适应国情农情的战略考量[N]. 南方日报,02-10(2).

卫龙宝,储德平,徐广彤,等,2009. 中国特色农业现代化道路进程中的主要矛盾与对策[J]. 农业现代化研究(2):129-132.

吴殿廷,宋金平,梁进社,等,2003. 库兹涅茨比率的分解及其在我国地区差异分析中的应用[J]. 地理科学(4):427-433.

吴菊安,祁春节,2016. 农业经营方式的理论与方法:一个文献综述[J]. 世界农业(10):65-70.

吴士炜,汪小勤,2016. 基于Sen可行能力理论测度中国社会福利指数[J]. 中国人口·资源与环境(8):49-55.

伍开群,2014. 制度变迁:从家庭承包到家庭农场[J]. 当代经济研究(1):37-44.

习近平,2015. 关于《中共中央关于制定国民经济和社会发展第十三个五年规划的建议》的说明[J]. 实践(思想理论版)(11):21-25.

向东梅,陈德,2006. 我国农村新型合作经济组织创新思路和模式选择[J]. 农村经济(6):118-119.

解安,2002. 农村土地股份合作制的生成机理分析[J]. 生产力研究(6):98-101.

谢地,2015. 论社会主义公有制的存在形式、载体形式、实现形式[J]. 政治经济学评论（6）：183—220.

谢来位，2011. 西部地区农村合作治理实现路径探析［J］. 改革与战略（5）：89—91，115.

熊园，2018. 做好建设现代化经济体系大文章［N］. 经济参考报，02—06（A01）.

徐烽烽，李放，唐焱，2010. 苏南农户土地承包经营权置换城镇社会保障前后福利变化的模糊评价：基于森的可行能力视角［J］. 中国农村经济（8）：67—79.

徐美银，钱忠好，2009. 我国农地制度变迁的内在逻辑［J］. 江苏社会科学（3）：38—43.

徐旭初，2005. 中国农民专业合作经济组织的制度分析［M］. 北京：经济科学出版社.

许经勇，2013. 从家庭均田承包到家庭农场的演变［J］. 学习论坛（11）：34—37.

杨成林，何自力，2011. 土地职能和土地产权制度选择——中国土地产权私有化有效性质疑［J］. 经济理论与经济管理（10）：22—30.

杨承训，2016. 社会主义质的规定性与中国特色社会主义基本经济制度［J］. 毛泽东邓小平理论研究（6）：12—18，92.

杨继瑞，薛晓，2015. 农地"三权分离"：经济上实现形式的思考及对策［J］. 农村经济（10）：8—12.

杨炼. 影响农民政治参与的四大因素［EB/OL］.（2014—08—11）［2019—12—12］http://theory.people.com.cn/n/2014/0811/c40531-25441412.html.

杨明洪，2002. 农业产业化：作为一种契约型组织的效率及其决定［J］. 四川大学学报（哲学社会科学版）（4）：33—38.

杨明洪，2008. 从"中心化模式"向"中间化模式"：农业产业化经营组织演化分析［J］. 中州学刊（5）：27—30.

杨少垒，蒋永穆，2013. 中国特色农业现代化道路的科学内涵［J］. 上海行政学院学报（1）：69—79.

杨同卫，陈晓阳，2012. 农村产业集群发展的动力机制研究［J］. 经济纵横（9）：80—82.

杨耀武，杨澄宇，2015. 中国基尼系数是否真地下降了？：基于微观数据的基尼系数区间估计［J］. 经济研究（3）：75—86.

叶兴庆，2014. 从"两权分离"到"三权分离"——我国农地产权制度的过去与未来 [J]. 中国党政干部论坛 (6)：7–12.

于亢亢，朱信凯，王浩，2012. 现代农业经营主体的变化趋势与动因：基于全国范围县级问卷调查的分析 [J]. 中国农村经济 (10)：78–90.

余谦，高萍，2011. 中国农村社会福利指数的构造及实测分析 [J]. 中国农村经济 (7)：63–71.

余欣荣，2013. 我国现代农业发展形势和任务 [J]. 行政管理改革 (12)：10–16.

袁方，史清华，2013. 不平等之再检验：可行能力和收入不平等与农民工福利 [J]. 管理世界 (10)：49–61.

岳书敏，刘朝明，2006. 人力资本与区域全要素生产率分析 [J]. 经济研究 (4)：90–96.

翟涛，胡俊，孙哲，等，2016. 韩旭. 我国农村基本经营制度的制度潜力与实现路径 [J]. 农业经济 (2)：38–40.

曾先峰，李国平，2008. 我国各地区的农业生产率与收敛：1980—2005 [J]. 数量经济技术经济研究 (5)：81–92.

张德元，2012. 农村基本经营制度的异化及其根源 [J]. 华南农业大学学报（社会科学版）(1)：9–13.

张改素，王发曾，康珈瑜，等，2017. 长江经济带县域城乡收入差距的空间格局及其影响因素 [J]. 经济地理 (4)：42–51.

张海波，童星，2006. 被动城市化群体城市适应性与现代性获得中的自我认同——基于南京市561位失地农民的实证研究 [J]. 社会学研究 (2)：86–106.

张红宇，2014. 三权分离、多元经营与制度创新：我国农地制度创新的一个基本框架与现实关注 [J]. 南方农业 (2)：6–13.

张红宇，2015. 牢牢把握现代农业发展新常态 [J]. 中国农村金融 (4)：39–42.

张红宇，2015. 把握新常态下农业发展的趋势性变化 [N]. 人民日报，03–16 (7).

张红宇，2015. 新常态下现代农业发展与体制机制创新 [J]. 农业部管理干部学院学报 (1)：6–16.

张建，诸培新，2017. 不同农地流转模式对农业生产效率的影响分析——以江苏省四县为例 [J]. 资源科学 (4)：629–640.

张景鸣，孟凡军，孙昭慧，2011. 居民收入分配差距测度方法研究综述［J］. 统计科学与实践（6）：29-30.

张军扩，2015. 促进经济增长阶段平稳转换［N］. 人民日报，07-13（7）.

张兰，冯淑怡，陆华良，等，2015. 农地规模经营影响因素的实证研究——基于江苏省村庄调查数据［J］. 中国土地科学（11）：32-39.

张攀春，2017. 资源禀赋与农业现代化路径选择：来自国外的经验借鉴［J］. 江苏农业科学（3）：250-254.

张胜，王斯敏，李卓琦，2018. 唱响新时代中国经济高质量发展主旋律——2017年首届珞珈智库论坛精彩智识萃集［N］. 光明日报，01-18（11）.

张士杰，曹艳. 2013. 中国特色现代农业发展中的农村双层经营体制创新［J］. 马克思主义研究（3）：45-51.

张双喜，朱必祥，2005. 西方制度经济学与马克思主义制度分析的比较［J］. 经济学家（5）：18-23.

张五常，2014. 经济解释卷四：制度的选择［M］. 北京：中信出版社.

张晓山，2007. 创新农业基本经营制度，发展现代农业［J］. 经济纵横（2）：3-8.

张晓山，2012. "入世"十年：中国农业发展的回顾与展望［J］. 学习与探索（1）：1-9.

张晓山，2015. 新常态下农业和农村发展面临的机遇和挑战［J］. 学习与探索（3）：1-9.

张笑寒，2009. 论农村土地股份合作制的制度供求与生成动因［J］. 湖南社会科学（5）：110-113.

张笑寒，2010. 农村土地股份合作制的制度解析与实证研究［M］. 上海：上海人民出版社.

张扬，2014. 试论我国新型农业经营主体形成的条件与路径：基于农业要素集聚的视角分析［J］. 当代经济科学（3）：112-117.

张毅，张红．毕宝德，2016. 农地的"三权分置"及改革问题：政策轨迹、文本分析与产权重构［J］. 中国软科学（3）：13-23.

张永谦，1989. 哲学知识全书［M］. 兰州：甘肃人民出版社.

张远超，1999. 论生产力与所有制形式［J］. 学术月刊（5）：17-23.

张占斌，2015. 中国经济新常态的趋势性特征及政策取向［J］. 国家行政学院学报（1）：15-20.

长子中，2011. 浅析稳定家庭承包经营与适度规模经营的关系［J］. 中国经贸

导刊 (20)：35—37.

赵光，李放，2012. 非农就业、社会保障与农户土地转出：基于30镇49村476个农民的实证分析 [J]. 中国人口•资源与环境 (10).

赵光元，张文兵，张德元，2011. 中国农村基本经营制度的历史与逻辑：从家庭经营制、合作制、人民公社制到统分结合双层经营制的变迁轨迹与转换关联 [J]. 学术界 (4)：221—229.

郑景骥，2001. 不可否定农业的家庭经营 [J]. 财经科学 (1)：87—89.

郑新立，2016. 使改革精准对接发展所需 [N]. 光明日报，11—06 (1).

郑新立，2017. 释放城乡一体化发展的新动能 [N]. 人民日报，01—17.

中共中央，国务院. 中共中央、国务院关于深入推进农业供给侧结构性改革加快培育农业农村发展新动能的若干意见 [EB/OL].（2017—02—05）[2019—12—25] http://www.gov.cn/zhengce/2017—02/05/content_5165626.htm.

中共中央办公厅，国务院办公厅，2007. 中共中央办公厅 国务院办公厅关于加强农村实用人才队伍建设和农村人力资源开发的意见.

中共中央办公厅，国务院办公厅，2016. 中办国办印发《关于完善农村土地所有权承包权经营权分置办法的意见》[J]. 农村工作通讯 (21)：11—13.

中共中央，2018. 中共中央关于推进农村改革发展若干重大问题的决定 [N]. 人民日报，10—20 (1).

中共中央，国务院，2015. 中共中央 国务院关于加大改革创新力度 加快农业现代化建设的若干意见 [J]. 当代农村财经 (3)：38—44.

中共中央，国务院，2016. 中共中央、国务院关于稳步推进农村集体产权制度改革的意见 [N]. 人民日报，12—30 (1).

中共中央，国务院，2018. 中共中央 国务院关于实施乡村振兴战略的意见 [N]. 人民日报，02—05 (1).

中国农业科学院农业经济与发展研究所，2008. 国家农业政策分析平台与决策支持系统农业经济计量模型分析与应用 [M]. 北京：中国农业出版社.

中华人民共和国国务院新闻办公室，2017. 中国健康事业的发展与人权进步 [M]. 北京：人民出版社.

钟甫宁，王兴稳，2010. 现阶段农地流转市场能减轻土地细碎化程度吗？：来自江苏兴化和黑龙江宾县的初步证据 [J]. 农业经济问题 (1)：23—32.

钟水映，李春香，2012. 农地私有化的神话与迷思 [J]. 马克思主义研究 (2)：94—101.

钟文晶，罗必良，2013. 禀赋效应、产权强度与农地流转抑制：基于广东省的实证分析 [J]. 农业经济问题 (3)：6—16.

周义，李梦玄，2013. 考虑不平等因素的农村福利指数构造及实测 [J]. 中国人口·资源与环境 (6)：66—71.

周振，孔祥智，穆娜娜，2014. 农民专业合作社的再合作研究——山东省临朐县志合奶牛专业合作社联合社案例分析 [J]. 当代经济研究 (9)：63—67.

周振，伍振军，孔祥智，2015. 中国农村资金净流出的机理、规模与趋势：1978~2012 年 [J]. 管理世界 (1)：63—74.

朱道林，王健，林瑞瑞，2014. 中国农村土地制度改革探讨——中国土地政策与法律研究圆桌论坛（2014）观点综述 [J]. 中国土地科学 (9)：89—94.

朱靖红，肖倩，2013. 我国县域经济与农业现代化的发展关系 [J]. 江苏农业科学 (7)：1—3.

朱艳，王玉霞，2008. 我国农村土地产权的制度变迁 [J]. 中国集体经济 (22)：10—11.

住房和城乡建设部，2017. 2016 年城乡建设统计公报 [N]. 中国建设报，08—22.

祝之舟，2012. 论农村集体土地统一经营的制度实践与立法完善 [J]. 南京农业大学学报（社会科学版）(4)：92—99.

宗寒，2012. 促进城乡一体化，应壮大集体经济实力 [J]. 红旗文稿 (24)：17—19.

宗寒，2013. 进一步发展社会主义集体所有制的几个问题 [J]. 毛泽东邓小平理论研究 (2)：38—45.

A. SEN，1997. On Economic Inequality [M]. Oxford：Clarendon Press.

B CHELI，A LEMMI，1995. A Totaly Fuzy and Relative Approach to the Multidimensional Analysis of Poverty [J]. Economic Notes，24，vol. 1.

BERNSTEIN HENRY，2000. "The Peasantry" in Global Capitalism：Who，Where and Why [M]. London：Merlin Press.

DONG-JE CHO，2011. Legal Issues on the Rural Land Contracting Management Right Becoming a Shareholder in China [J]. The Journal of Property Law，vol. 27.

GRAS CARLA，2009. Changing Patterns in Family Farming：The Case of the Pampa Region，Argentina [J]. Journal of Agrarian Change，vol. 9.

I ROBEYNS, 2003. Sen's Capability Approach and Gender Inequality: Selecting Relevant Capabilities [J]. Feminist Economics, vol. 9.

KIM SUHAN, 2012. Study on the China's Rural Land-Use Reforms: Focusing on Dual Land Tenure System [J]. The Journal of Modern China Studies, vol. 13.

KRUSEKOPF C C, 2002. Diversity in Land-tenure Arrangements under the Household Responsibility System in China [C]. China Economic Review, vol. 13.

KUNG J K S, 2000. Common Property Rights and Land Reallocations in Rural China: Evidence from a Village Survey [J]. World Development, vol. 28.

LI G, ROZELLE S, BRANDT L, 1998. Tenure, Land Rights, and Farmer Investment in Centives in China [J]. Agricultural Economics, vol. 19.

MACOURS KAREN, DE JANVRY ALAIN, SADOULET ELISALISABETH, 2010. Insecurity of Property Rights and Social Matching in the Tenancy Market [J]. European Economic Review, vol. 54.

MENG GAOFENG, 2016. Contemporary China's Rural Landownership with Reference to Antony M. Honore's Concept of Ownership [J]. Journal of Economic Issues, vol. 50.

MIGUEL ALITIERI, CLARA NICHOLLS, 2000. Agriculture: Food for the Future [J]. Agricultural and Forest Entomology, vol. 6.

MILOVANOVIC VLADIMIR, SMUTKA LUBOS, 2015. Establishing Food Security for Bangladesh's Rural Poor through Sustainable Collective Farming Practices [C]. Agrarian Perspectives XXIV: Global Agribusiness and the Rural Economy.

MULLAN KATRINA, GROSJEAN PAULINE, 2011. Land Tenure Arrangements and Rural-Urban Migration in China [J]. World Development, vol. 39.

PARK, 2013. Theory and Practice of China's Cooperatives since the Post-socialism: A Case of Peng Lai City Wine Producing Areas, Shandong Province, China [J]. The Journal of Modern China Studies, vol. 14.

PAUL A DAVID, 1985. Clio and the Economics of QEWRTY [J]. American Economic Review, vol. 75.

PAUL COLLIER, 2008. The Bottom Billion: Why the Poorest Countries are Failing and What Can Be Done About It [M]. Oxford: Oxford University Press.

R G BRAT, 2002. Housing and Family Well-being [J]. Housing Studies, vol. 17 (1).

STEVEN N S CHEUNG, 1969. The Structure of a Contract and the Theory of a Non-ExclusiveResource [J]. Law Econ, vol. 12.

SUNG-HO BAEKOREAN, 2016. Research on The System of Land Contract Management Right [J]. Corruption Studies Review, vol. 21.

TUAN YANG, 2016. Nongs (Farmer, Agriculture, and Farm Village) [J]. The Korean Journal of Cooperative Studies, vol. 34.

WANG HUI, RIEDINGER JEFFREY, JIN SONGQING, 2015. Land Documents, Tenure Security and Land Rental Development: Panel Evidence from China [J]. China Economic Review, vol. 36.

W BRIAN ARTHUR, YU M EROMLIEV, YU M KANIOVSKI, 1987. Path-Dependent. Processes and the Emergence of Maero-Structure [J]. European Journal of Operational Research, vol. 30.

WELLER SALLY, SMITH ERIN F, PRITCHARD BILL, 2013. Family or Enterprise? What Shapes the Business Structures of Australian Farming? [J]. Australian Geographer, vol. 44.

ZHANG HAOJUN, 2011. Rural Land Tenure System Reform in Post-Reform China—On the Institution of Market-Led Transfer of Land Use Rights [J]. Journal of Sinology and China Studies, vol. 52.